敬，那些沒有白走的路

所有的挫折與驚喜
都值得感謝

即使不完美，但我的人生，從來就不想複製貼上別人的道路。

張允曦／小8 —— 著

推薦序

妳值得更美好的事物

——王月「屏風表演班」共同創辦人／電影監製／演員

親愛的8兒：

讓月姐也寫封信給妳～

第一回近身見妳，妳來屏風表演班參與舞臺劇《徵婚啟事》演出，妳演的是女主角尹馨從紐約來、曾交往過的女朋友，戲分不多。排戲過程常見帥8爸來探班，妳總像個幼兒園的小孩有點害羞但又滿足著爸爸的出現。

第二回近身見妳，是為電影《極光之愛》上映做宣傳，上了妳主持的

《爆米花電影院》，看妳和工作人員凝聚力十足，對工作爆表的熱情不因製作經費拮据而有絲毫減低。

第三回近身見妳，是在一〇一教會。妳成了恩典滿滿的基督教徒，妳說信主改變妳好多，修復了妳和家人的關係。看著禮拜主日，妳帶著原本都不信主的8爸、8媽和兩位美麗非凡的姊姊、姊姊的孩子，坐滿前排的座位。妳感謝一段沒有結成果的戀情，讓妳認識會真愛妳一生的主，妳內心信實而堅定。

每回見妳，總讓我更喜歡妳。古人說：孝順「色難」，而妳真是發自內心和顏悅色地疼愛著父母。妳熱愛運動能爬百岳，渾身散發著快樂的腦內啡。妳真心關懷別人，妳知道我路痴，每次道別妳不是堅持送我到停車的位子，就是乾脆把我送到家。妳是每一個長輩們都想介紹好男人給妳的好女孩。

親愛的8兒，我有跟妳講過，我好喜歡電影《壁花男孩》（*The Perks of Being a Wallflower*）嗎，片中不敢表達自己的 Charlie，一直心繫著愛上不好男人的女主角 Sam，只想告訴她：「相信自己值得更美好的事物。」（we accept the love we think we deserve.）

此時的我也想對妳說這句話。而妳也正如電影的結尾，回到當年曾狂野呼嘯而過的隧道，坐在車上、站起身來、探出天窗、舉高雙手、極速吶喊著……因為我們知道再次穿越這黑暗的隧道，在盡頭處，會有著眾人祝福的光明未來正等著妳啊～

愛妳的月姐　二〇二一　秋末

推薦序

放膽去做，小8

——王偉忠 知名製作人

記得第一次見到小8，她笑起來有全開的美麗笑容，眼神卻有些不自信，有時還有點空，直覺這個女孩的性格內外衝突，適合演戲。除了讓她在《全民最大黨》模仿小S，籌備公視戲劇《蟹足》時，由她飾演年輕時的古典美人李璇，讓老戲骨搭配新人，這角色戲分很重，希望她好好發揮。

拍戲時我們發現小8確實笑起來開朗，但做事很糾結；幾經雕琢，她以這個角色入圍金鐘女配角，雖沒得獎，但新人能入圍，就是肯定。後續她拍網路短劇《空姐忙什麼》突然大紅，不久卻推掉工作，去了紐約一趟。

很少藝人捨得在剛走紅時離開舞臺，因為他們終其一生都在等一個能出頭的機會。小8卻在機會剛剛來臨時離開，我沒問，但猜得到她應該還陷在糾結裡。

人生的任何經歷都不會白費，光向外跑、向外看，往往看不清這世界；有時候要反過來往內探索，克服個性上的弱點，打開內心糾結，才有勇氣放膽試，完成自己想做的事情。就像旅行，一開始每到一個新地方，都會以為找到適合自己的地方，其實未必！真要旅行夠久，體會夠多了，知道什麼真正適合自己，才能找到舒服的位置。

所以小8，別忘了妳臉上的燦爛笑容，多累積自信、多自我進修，放膽去作、放膽發揮，祝福妳！

推薦序

一起舉杯，敬，自己

——松慕強牧師　iM行動教會主任牧師

小8要出書了，哇！真不知道她會寫出什麼春天出來？但是好像也沒有什麼好驚訝的，她總是不按牌理出牌，會做出讓人驚豔又驚嚇的決定。這也是小8獨特迷人的部分，她似乎從來不想停止學習也不願停止成長，在這本書裡，你會看到好幾次小8做出的決定，對許多人來說都是非常巨大的改變，也就是如此的小8，才會這麼精彩這麼令人欣賞。

這本書不只是小8的生命經歷與故事，她透過溫馨幽默的文字，觸及了生命中許多值得深思的題目，如追逐夢想、自我形象探索、面對恐懼、面對失敗、單身女子的愛情反思、回歸親情……等等。小8一如往常地，用她幽默且真實的態度，把她長年累積的心得分享出來，我自己在閱讀時，就常有噗哧一笑，下一秒卻又不小心給她感動到的moment。

小8有一天跟我說，她要再去非洲，去看看那裡的小朋友，我看著她的眼神，充滿堅定的確信，我知道她在那裡應該遇見了什麼令她感動的事了，我也知道，她沒有白走任何一步路，因為我相信，上帝至始至終都在帶領她，步入小8專屬的成聖之路。

建議你，倒杯紅酒，找個好位置，透過這本書進入小8的旅程中，一起舉杯，敬，自己，因為我們都沒有白走那些路。

推薦序

上帝可以使好事、壞事都變成美麗的事

——黃國倫牧師 關係顧問

認識小8好幾年了，知道她總是很忙碌，直到看完這本書，才知道她的每一天都如此多采多姿！

其實人生就是一趟充滿冒險的旅程，而我們用怎麼樣的心情、眼光來看待，將會帶出截然不同的體驗。

有些人充滿懊悔，覺得自己運氣不好、事事都不如所願，時常止不住地抱怨，深陷於對自己的成就失望、對工作失望、對生活的一切都失望，甚至會覺得人們對不起他、整個宇宙都對不起他；也有些人則是對生活充滿期待，認定每一段經歷都是學習，對所遇見的人事物都充滿感恩。

如此不同的心情和眼光，不只會帶出不同的結局，甚至也會決定我們是否能享受人生。這個世界有太多人都是目標導向，只看重最後的結果，而忽視了過程，說實話，這真的超級可惜！

我非常開心有機會見證小8這幾年的「過程」，確實看到她更加成長、成熟，內心唯一的感想，就是上帝可以使好事、壞事都變成美麗的事。希望大家讀完這本書之後可以得到祝福，不論你正在高山或低谷，都沒有白走的路！

推薦短語

看了這本書，才知道小8原來不只會演戲，也會寫書。這本書記錄了小8的成長歷程，也有她對爸爸的感情，如果你喜歡小8，一定也會愛上這本書。

——呂秋遠 知名律師／作家

給那位一直在走路的張小姐。

這是本寫給自由的備忘錄，是小8寫自己的事，關於那些她已經完成的，跟正準備完成的夢想旅程。一個單身女子獨闖天涯的故事很多，但只有小8的故事裡沒有危險，只有冒險。你可以閱讀她的人生高潮起落，但保證讀不到她的血淚斑斑，也許字裡行間偶然寂寞，但在寂寞和自由間，小8永遠選擇後者，也推薦這本書給偶爾寂寞但靈魂自由的你。

——李中 電影導演

你享受你的人生嗎？生命的每個階段是否認真活著？是像一本豐富的藏書、一本亂塗鴉的畫冊，還是一本空白的筆記本？你留下了什麼給自己呢？無論你現在生命的旅程走到哪裡，透過小8最真實的生命旅程，當你跨出去的時候，就可以重新找到勇氣，大步向前！別放棄，美好的旅程正在等著你！強力推薦！

——李協聰 一〇一教會執行牧師

在我心中「小8張允曦」這名字是女強人的代名詞。她勤學英文、出國學表演、一個人旅行、成為烘培師。休假就去爬山、划龍舟、健身……等等。她對新事物永遠充滿好奇，永遠不會滿足於瞭解這個世界。這些豐富的人生歷練，讓她比別人擁有更多。我很慶幸能透過這本書參與了小8的生命故事，希望你也可以參與。

——林孝謙×呂安弦 《比悲傷更悲傷的故事》導演、編劇

上帝說，妳要活著像個孩子。舞臺上小女孩在跳舞，她的肢體沒有邊界，她的眼神沒有定律，身上的彩衣因她的專注而失色，也看不到令人眩目的技巧！你只是看到一個純淨的靈，為你舞蹈。這就是我認識的小8。

For小8……宇宙無邊，祂容得下自由，請妳繼續跳舞，像個孩子。

——**柯淑勤** 影后

如果你不認識這個女孩兒，你會被她的笑容吸引，被她的熱情嚇到，對她的精力旺盛嘖嘖稱奇。如果你已經認識這個女孩兒，你一樣會被她笑容吸引，但會明白她的熱情是因為愛，會懂得她用力地過每一天是因為dreams。

If your dreams don't scare you

They are too small.

謝謝妳用這樣的生命紀錄，震動小確幸的我。（好晃！）

——**陸明君** Artist

人生最大的後悔，往往不是做了什麼事，而是因為沒去做什麼事。小8在夢想、愛情以及親情當中，不斷挑戰自己踏出下一步，書中記錄的痛苦、感動和眼淚成為了最精彩的故事，回頭越看越清楚，原來，沒有一步是白走的！

——**楊右任×雷可樂**　舊鞋救命創辦人

小8常讓我發現某種新的境界；她說的，跟我看到的，完全不同世界。但誰不是為自己建構著夢想中的世界呢？誰不想活成自己想要的模樣？耶穌說，你們當中誰沒有罪的，可以先拿石頭丟她。這本書，是她喜歡的那個她。路都沒有白走的，看了書你會知道你也是。

——**蔡燦得**　演員

小8是我見過最豁達大度的人，她的積極樂觀總是帶給我很多啟發，謝謝她把這些智慧和感動毫無保留都寫進書裡，讓大家可以隨時感染她的正能量。

——蘇文聖（蘇三毛）知名動畫／MV／電影導演

※：推薦序、短語依首字筆劃排序

contents 目錄

推薦序

妳值得更美好的事物　王月　003

放膽去做，小8　王偉忠　006

一起舉杯，敬，自己　松慕強牧師　008

上帝可以使好事、壞事都變成美麗的事　黃國倫牧師　010

推薦短語

呂秋遠、李中、李協聰牧師、林孝謙×呂安弦、柯淑勤、陸明君、楊右任×雷可樂、蔡燦得、蘇文聖（蘇三毛）　013

Part 1 冒險

第一節 **沒結婚沒小孩的三十五歲，要梭哈我的人生嗎？**

辭演《空姐忙什麼》，妳瘋了嗎？　027

上帝可不可以給我一百萬，讓我回來美國追求演員夢　030

冒險前，先替自己的卵子買張保單　038

第二節 **再度來到紐約的我，什麼都要 say YES！**

一個人的紐約冒險　043

con

與百老匯相遇 049
暫時當個紐約客 056
在紐約也可以便宜擁有說走就走的旅行 059
紐約真的什麼都有 064

第三節 **American Dream 我們沒有說再見**

這次的紐約我有備而來 075
其實我一直不敢回美國，直到淚流滿面的這一刻 078
洛杉磯，夢想之城 082

Part 2 愛情

第一節 **享受孤獨，有時候還是會寂寞**

從來不羨慕別人的我，居然想複製貼上她的幸福 093
是我最想結婚生小孩，怎麼妳們都搶先一步？ 097
紐約大媽的遺憾，也將會是我的遺憾?! 101
人生這幾個 moments 我真的好想身邊有個人陪喔 104
小8的單身日記 111
讓我來和四年前的妳說說話 114

第二節 致前戀人們

每一個分手的戀人，都是在相同的時間開始相愛，只是沒有在相同的時間不相愛了 119
原來真正的愛自己，是要告白後才懂?! 121
談戀愛不是讓我變成一個更好的人，而是讓我能成為更像自己的人 125
交友軟體帶給我的省與思？ 131

第三節 為了讓你遇見最好的我

為什麼這麼喜歡一個人去旅行，是在預備一個「更好版本的自己」 139
在我那麼傲嬌的時候，還是不要結婚好了?! 143
我想寫信給未來的老公，直到遇見你的那一刻 151

Part 3 工作

第一節 主持棒VS演戲

入行的第一年，也是練就「一身是膽」的一年！ 161
綜藝通告走一圈，走到懷疑人生？ 165
金鐘獎只是入圍沒有得獎，怎麼魔咒也在我身上發生！ 168
謝謝威爾史密斯，讓我變成臺大外文系第一名 172

第二節 **女演員張允曦**
謝謝演空氣的那些年，讓我格外珍惜現在遇到的每一個人 179
《空姐忙什麼》讓我成了最幸福的演員 182
首挑大梁的電影上映日，怎麼和新冠肺炎疫情爆發同一天？ 185
首挑大梁的電視劇，怎麼成了票房毒藥？ 189

Part 4 家人

第一節 **我那又鬧又可愛的家**
家庭版五燈獎從沒有拿過燈的我，長大居然當藝人 197
每天和十幾條狗相伴，牠們才是我最親密的國中同學！ 201
有一天我想通了，不是不受寵，是我一直太獨立沒給父母機會照顧我 204
第二節 **因為珍貴，所以盡全力去愛了**
媽媽對不起，妳這個溫柔的女兒來得有點晚 209
父女歐洲蜜月旅行——原來相處一輩子的爸爸，還是會有不了解他的地方啊？ 214
原來後來沒有走歪的我，都要感謝這位偉大的幕後功臣 220
那一天的早餐家庭聚會，我們只聊遺憾 223
最後，我想對你們說…… 226

york sp

FS1
Red Square

Part 1
冒險

adventure

快出去打開你的眼界，

把世界帶回臺灣！

第一節

沒結婚沒小孩的三十五歲，要梭哈我的人生嗎？

＃辭演《空姐忙什麼》，妳瘋了嗎？

三十五歲，我在這年做了一個跌破大家眼鏡的決定。

我辭演了《空姐忙什麼》。

這應該算是我人生中一件非常勇敢又值得拿來說嘴的事，這種感覺就像是，當你剛為公司拿到一個年度大案子準備要升官的時候，卻毅然決然和公司說：「我要離職，謝謝。」我猜、我想、我覺得——大部分的人應該不會放棄「高薪」，選擇「花錢」出國進修吧？（驕傲）

網路短劇《空姐忙什麼》在二〇一六年開播，一年內就創造兩億的觀看人次，空姐是第一個大家開始認識女演員小8的角色；因為這個角色，我初嘗「走紅」滋味；我開始有自己的休息室，甚至接到了人生中第一個代言。

記得廠商打電話來只問我一個問題：「小8，妳有沒有做過牙齒美白？」我說：「沒有呀！」廠商：「那恭喜妳，我們很想邀請妳擔任我們產品的代言人，不知道妳有沒有興趣？」我說：「是嗎？我很高興也謝謝你們喜歡我的牙齒。」掛掉電話後，超級興奮的！我好感謝在二十四歲存錢去矯正牙齒，三十歲再戴一次牙套的自己，第一次體會到人生每個決定都滿重要。就這樣我接到了人生中第一個代言，等了十一年，輪到我了耶！

演藝圈有一句話：「接到代言就賺翻了」，我是沒有賺到翻掉，但收入真的好很多。空姐爆紅時期，信箱最高紀錄有上百封的邀約，等著我們去一一回覆，我幾乎每三天就有一個業配，無論我人在臺灣還是國外，直播還是 po 文，廠商們都會無極限地把產品寄到我的身邊。那時候的我就如同乘坐在一臺高速列車上，玩得用力工作得也很用力，好像很快樂，卻又不知道哪裡不對勁。

眼看財富自由及將在眼前，空姐爆紅八個月後的某一天，在片場擁抱完粉絲後，我突然感覺到自己的靈魂被掏空了，那種感覺很清楚地告訴我，下一次的錄影，我不會再好笑了。因為我的靈感用完了！我知道如果再不充實我自己，我是不可能繼續熱愛表演、不可能感動自己、感動觀眾的。那個感覺到要裝更多東西在裡面的小8，居然在心中吶喊著：「就是現在！妳終於有存款了，**快出去打開妳的眼界，把世界帶回臺灣！**」

冒險的血液那陣子一直在我的身體裡流動，彷彿有一股強大的力量驅使我往前。我跟自己說：「妳現在有能力、有時間，又有需要，現在不去冒險，妳要等到什麼時候呢？」**如果失敗了沒關係，因為冒險這件事，就算失敗了，聽起來也是超級酷。**

抱著不成功便成仁的心情，沒多久後，我就離開了劇組。在臉書上跟支持《空姐忙什麼》的大家說再見，買了單程機票，隻身來到那個曾經種下我「好萊塢夢想種子」的地方——紐約。

上帝可不可以給我一百萬，讓我回來美國追求演員夢

先讓時間回到二〇一五年的夏天，那一年，我帶著我所有的存款（十五萬），拜託姊夫讓我住在紐澤西的房子（I know 有姊夫真好），跑去紐約報名了一個月的短期密集電影表演課（因為錢只夠一個月）。

其實一開始知道去紐約上表演課這麼貴的時候，我也搜尋了北京電影學院，天真的以為離臺灣近一點，或許會便宜一些，無奈去北京學表演不只沒有便宜一些，我根本不符合入學資格，因為年紀超過三十歲！登愣!!

念書居然還有年齡限制？這個消息像是一道警鐘，提醒我自己不再年輕的事實。但追尋夢想不是年輕人專利，雖然我沒辦法照著社會制式化的時間軸念書、出國留學、工作，而是慢了好幾步地，在職場打滾了一段時間才找到自己的夢想。但就像你沒辦法複製別人的人生，屬於小8的人生也

是獨一無二，**更何況，只想要跟別人一樣，就不能算是冒險。**

於是，對有著年齡限制的北京電影學院說再見，三十三歲的我，前往命中注定的紐約，展開改變我人生的關鍵四十五天旅程。

出國念書是我從小到大的夢想，不管是國小喜歡的班長去東京，還是高中同學出國念大學，我一直知道我也想和他們一樣，可以流利地使用外語，將自己的社交圈擴大到不同國家，這種面對世界也不膽怯的自信，會讓人看起來更有氣質、也更耀眼。

我的兩個姊姊也都在求學階段出國遊學過，輪到我的時候（我是家裡最小的女兒），家裡經濟情況不好，所以出國深造的夢想，只能一直一直放在我的心裡。直到我國中畢業的那一天，當時要回拉斯維加斯生活的乾媽，對家父家母提出了一個邀請，她想請我到拉斯維加斯念高中，順便教她小孩中文，住宿學費都由她來負擔，家裡不用出錢。

當時的我心想機會要來了，便痴痴地望著爸媽，我早就在心裡點了一百次頭，沒料到我的母親說了一句：「我會捨不得。」瞬間一道晴天霹靂，對小小8來說，最接近夢想的一天就這麼結束了。

十五萬是我入行以來最高金額的存款，這一次，我緊緊抓住了這個機會。

我小心翼翼地提前兩天抵達，姊夫家在遠爆了的紐澤西北邊，如果我想順利抵達學校的話，我必須早上六點半出發搭船到紐約曼哈頓，再到三十四街轉公車，接著轉搭地鐵，才能在八點抵達聯合廣場紐約電影學院。

記得第一天新生集合，新生要當著全校面前用英文自我介紹，我排在第四位，這所學校的亞洲人應該不到五個……到現在我都不確定當時是怎麼完成的，只記得從那一刻起，到結業的那一天，我的腎上腺素都不曾下降過。

學校的課程對我來說都非常新鮮，有劇本研讀、聲音與肢體、獨白、試鏡技巧、即興表演。我發揮了我這輩子求學階段未曾有過的上進心，每天下課後就回家準備劇本，看不懂的英文就問朋友，提前完成老師說應該要交的功課；因為這是一到五的密集課程，基本上沒有太多時間可以當個紐約客，即使週末我也樂意當個書呆子，因為英文對我來說真的太困難了！

印象最深刻的是第二天上課，我的導師（曾和梅莉史翠普一起拍過電影）交給我們每人一小本劇本，希望每位同學可以告訴大家劇本概要，老師請我第一個分享，我才剛開始說：「There are two girls, one name is Mary and the other is Helen...」這時她突然說：「Stop! Next one.」就這樣惡狠狠地把我打斷了，改請我隔壁的同學分享。雖然我可能也講不出個所以然，但是感覺很差是必然的。

我的第一直覺是，是不是她瞧不起亞洲人呀？下課後趕緊問一位來自秘魯，曾經上過她的課的同學，同學說：「她對我也是一樣，她只是耐心很「紐約」（沒耐性）而已。」（好吧看在妳和梅莉史翠普一起演過戲的分上，我不和妳計較了）

雖然這個答案我當時沒有很滿意，但是往後的每一天，每當老師問起誰要第一個表演，我總是第一個舉手，力求表現，就算有時連要表演什麼我都不知道（因為沒聽懂她講好快的紐約腔英文），我還是硬著頭皮待在臺上，因為我付學費就是要學東西回去的。秉持著這個信念，每一天下課不是和同學排練、就是衝回家查單字背劇本，就算老師說可以帶著劇本上臺，我也要死命地背起來（不然對手看你一直看劇本，應該會出戲吧），而且我相信臺詞記住了，才可以肆無忌憚地放鬆演出和即興創作。

中間我還參加了選角，也就是說，我們把表演課程當作是真正工作場合的試鏡，與學校其他科系比如導演組、攝影組，一同參與選角，最後我也得到了兩個角色的邀約。得到角色的滿足心情，就像是接了一個充滿挑戰的工作，最後還完成了那樣地充滿成就感。真謝謝那個勇敢的自己，事隔六年的現在，我都還保留著當時上課的重要筆記，我也深信，這些努力都有潛移默化地應用在我後來的表演之中。

表演課程的同學們，我們都是懷抱著夢想來到紐約。

拍攝期末作品的那一天，我們把拍攝團隊拉到了曼哈頓的聯合廣場，我飾演的角色是《哈拉瑪莉》中的瑪莉，就在七月底的這一個午後，太陽和煦微風偶爾把我的短裙吹起，就如同在電影中的瑪莉一樣自信且美麗，我彷彿聽到一個聲音告訴我，來美國發展吧！這時我偷偷和上帝說，給我一百萬照顧爸爸媽媽，我就來美國發展。

回去臺灣後沒多久，《空姐忙什麼》大紅，讓我很快存到人生中第一桶金，有了第一桶金就想要第二桶金、第三桶金……老實說，我完全放不下賺錢比以前輕鬆很多的時刻，一定要好好珍惜這個可遇不可求的好運氣。至於在美國和上帝的承諾，早就被我刻意拋在腦後了。直到神透過李協聰牧師和我說的那一天（詳細請見 P078），我才真正鼓起勇氣。

在二〇一七年的九月，我又再度踏上紐約，帶著一點準備，開始在這裡發展我的演藝事業！

紐約電影學院畢業證書。

#冒險前，先替自己的卵子買張保單

再次去美國前，我替自己買了一張保險。

三十五歲的我，覺得自己夠老夠美夠了解這世界了，然後呢？我至少還有另一個三十五年呀，接下來該怎麼計畫我才會覺得這輩子已滿足矣。我想要談戀愛，可是我沒有對象；我想要有小孩，可是我沒有結婚；我想要去好萊塢當演員完成夢想，可是我不認識任何人……但總不能坐以待斃吧！所以在三十五歲生日的這一天，我去做了凍卵手術，一個從來沒想過的決定。

老實說，我一直以為我會像我媽媽說的一樣，三十二歲結婚有小孩。是的，沒有發生，不然你們一定知道！

整個凍卵手術超乎想像的折磨人，如果知道這麼恐怖，我可能會猶豫八百年才做，對！我還是會做。

首先為了排卵順利得增加自己的黃體素，妳每天得打兩或五針到自己肚皮上，拿起針頭往自己肚子裡插是一件超級奇怪的事。我有好幾次是將針頭舉高往下衝刺，發出「賀！」的一聲，針頭老老實實地停在肚皮上，再粗魯地抽出針頭，搞得自己肚皮上都是一塊塊的瘀青（看起來也算藝術啦！）

經歷了短短七天的折磨及手術後，現在有十顆可愛的卵子躺在冷凍室裡，能夠完成這件事，完全要感謝世界上那些做試管的女人，想到妳們的經歷讓我能夠勇敢地把針頭惡狠狠地插進肚皮裡，讓子宮知道誰才是老大！我才是管這身體的主人聽到沒?!（這是我每次生病或哪裡疼痛用的招式，屢試不爽！）

對於那些也想要把卵子凍下來，無後顧之憂，買個保險的女孩們，我只有一句話要交代，**千萬不要一人回家**。

完成取卵的手術後，我不知道哪來的自信，認為手術完美極了，也可能是還活著太開心了，居然勇敢地和爸爸媽媽說我可以自己先回家。

在公車上三十分鐘的車程，我沒有一刻覺得子宮在我身體裡，地心引力彷彿把子宮往下拉到了一個境界，再加上全身麻醉後身體才剛甦醒，我坐的不是公車，是雲！下車後走路也是小心翼翼怕子宮掉出來，沒錯，就是這麼墜的感覺，請記得它到底也是個手術，還是要像個病人吃吃補品好好休息才是。

這個凍卵保險一買是十年，彷彿可以再玩個十年的感覺，完成後還真是有安全感。感謝上帝！小孩搞定了，愛情又可遇不可求，接下來我就可以義無反顧地追求夢想了。

因為害怕而緊抓不放，反而會動彈不得；

但只要放開手，你會發現自己其實是自由的。

第二節

再度來到紐約的我，什麼都要say YES！

一個人的紐約冒險

辭掉《空姐忙什麼》，再度隻身前往紐約，有別於上次密集的電影表演課，這次選修的課比較多元，包含美式發音訓練、舞臺劇、歌舞劇、語言學校……一待就是三個月，這三個月，我真的是無比快樂、快樂無比！

那段時間，有好多個突破舒適圈的小8，雖然我無法說出那個時候的我成就了什麼，可是我可以確定的是，那三個月在紐約和自己的相處，讓我產生出了更多勇氣來面對接下的挑戰！

這是我在紐約第一個最重要的YES

一落地的週五晚上，突然收到臺灣友人GagaOOLaLa創辦人Jay Lin的邀請，他希望我可以代替他參加紐約的LGBT影展，因為他的作品在裡面放映。對我這個熱愛電影的人來說，這根本就是天大的好消息，更何況當天我有機會和我的超級偶像韓國電影《追擊者》的編劇見面，聽完根本瘋掉！也因為這一個影展，徹底展開了我在紐約的交友圈，當天在影展認識的朋友們，在紐約都住了十年以上，透過他們，我對紐約又多認識了一點。

與《追擊者》的編劇 Shinho Lee。

趁在紐約的時候，把英文練好才是賺到！

兩年前來紐約學電影表演的時候，在語言這方面遭遇許多挫折。一開始心中單純地認為表演最重要的是肢體表情，哪需要用到太多的英文，想都沒想到我好幸運（衰），遇到完全沒有時間聽我慢慢講解劇本的表演老師。

那時候只喝零脂卡布奇諾的我，為了表達零脂肪牛奶這個英文單字，學到了從來都沒聽過的 skim milk，蝦咪？不是 zero fat milk……？領教了好多回店員的白眼才成功喝到咖啡的我，其實內心也不小心被刮了幾刀。

不過最幽默的一次，是我和第一次約會的對象正在購物中心散步，走著走著我看到前面一家餐廳說：「我很喜歡 Beijing duck（北京烤鴨）」，他眼神充滿狐疑地問：「Beijing dark?」後來兩個人就在那邊大來大去，也是各種累。

我後來才理解，對英文不是母語的人來說，標準的英文發音相對重要。在一次次受挫後，我還是有把英文學好這件事放在心上。我這次選了結合英文發音和表演的學校，也就是我可以學到美式口音又可以學到表演，也可以了解更多的表演相關術語，根本一舉兩得。

後來為了加強口音的部分，還自己花了一小時一百五十的學費，到老師家中學習發音，不過實在是太貴了，上了一次我發現我真的負擔不起，只好放棄。

一個非洲紀錄片影展、兩個超級痛苦的 yes to NY 經驗

在紐約最好玩的是每一天都會遇到來自世界各地的人，每個人帶著自己的母語腔調說著同一種語言，也因為如此，在紐約什麼都不奇怪。說到奇妙的體驗，要談談我在紐約曾經去看了一場非洲影展（在參加這個影展之前，我還沒有去過非洲呢！），起因於某個曾經在影展上認識的紀錄片導

演，他邀請我參加（誰叫我規定自己只能說 yes 呢？）

這個影展辦在哥倫比亞大學，由於哥大的電影系也是很有名，於是我帶著一種朝聖的心情踏進校園。然而之後的四個小時，我真的不知道我經歷了什麼，整整四個小時播放關於非洲當地人生故事的紀錄片，裡面有著大量的對話，重點來囉⋯⋯沒有字幕！對！沒有字幕!!這個我從來不認識的語言，我只能很努力地猜測故事重點。

撐到中場休息的時候，我真的好想回家喔。可是我告訴自己我不能說 no，說好了 say YES to New York。就在我堅定意志的時候，突然有媒體和熟悉的鎂光燈打到我眼前，問我：「對於今天影展有什麼看法？」此時我腦袋居然迸出了：「Black Lives Matters!」[1]

1　黑人的命也是命。黑人維權運動的標語，源自於二〇一二年美國非裔青年 Trayvon Martin 被槍殺，但開槍的員警獲判無罪，而引起的一連串遊行示威活動。

對方給了我一個微笑後就離開了。好啦，這下真的走不了了，接下來的時間對我來說真的過得很慢很慢，我的腦袋在觀看影片的時候，腦海中也重複播放著回家路線和床的輪廓，以及那個可以躺下去的快感。邀請我來的導演可能也發現我的靈魂已不在同個包廂，所以偷偷跑來旁邊和我說：「等下結束有非洲食物可以吃。」蝦咪，還不能回家呀?!我寧願回家吃泡麵。記住了！我是個不能說 no 的人，我點點頭，繼續我的迷幻旅程。

在哥倫比亞大學舉辦的電影非洲之夜。

與百老匯相遇

每看完一次百老匯，心中夢想的火花就點燃一次！

前前後後我看的百老匯加起來應該有二十幾齣，很幸運地我第一次來紐約的時候，就有當地人和我說，妳不知道妳這一生會來這裡幾次？所以選百老匯先選冷門的，那些《獅子王》、《歌劇魅影》這種長壽劇，以後老了都有機會。

這裡介紹可遇不可求，要碰運氣才看得到，也是我非常喜歡的三部劇：

Significant Other

故事內容描述四個二十多歲的年輕人在紐約的故事。男主角憧憬愛情，期望找到自己的人生伴侶，他覺得生命中最重要的事，就是找到那個願意陪著你一同面對人生的人。然而隨著故事的進展，主角的三個好友一個一個都嫁人了，就只有自己找不到另一半，求而不得讓他越來越苦悶終於爆發。

我自己看到泣不成聲，這明明是齣喜劇，前面真的讓我笑個不停，可是看完卻遲遲站不起來。最大原因可能就是我投射了我自己，和男主角一樣總是帶著幽默感在笑看人生，可是當朋友一個個找到生命中可以走一輩子的人，而我呢？主角做了好多努力成為了一個自己都愛上自己的人，最後還是獨自一個人、而且快樂不起來的一個人。

倘若我的人生也是一樣的結局？我現在該做什麼？不努力讓自己變好了嗎？

Sleep No More

另一部在我心目中屹立不搖，也是我唯一二刷的百老匯劇——Sleep No More。這部劇改編自莎士比亞的經典《馬克白》，將軍馬克白被三巫預言將會成為國王，預言引發了對權力的欲念，再加上妻子的慫恿，馬克白展開一連串陰險暴力的政治鬥爭，在追逐權力的過程背棄信念，終至毀滅。

這部劇最大特色是表演方式，不像一般劇場一樣有座位、舞臺，而是一整棟劇院都是表演場。所有觀眾都得戴上面具，進入名為「The McKittrick Hotel」的劇院。共有十個角色在五層樓的建築物裡面遊走、演出，而戴著面具的觀眾們則是劇院裡的幽靈，只能旁觀角色的人生，不能觸碰演員的身體，也不能與他們互動（除非演員主動與你互動）。

一個小時一個故事循環，每次你都可以跟著自己想要的角色四處尋找蛛絲馬跡，全神貫注地猜測故事。雖然演員的身體你不能碰觸，但現場道具你可以動手翻閱，只是你還沒調查太久，你跟的角色已經跑了。就算你和一百個朋友同時進去看，你們出來的故事絕對不一樣（前提是不要上網查攻略）。

即使去過兩次的我，還是會被這樣真實的表演所震撼，演員全裸地在你面前洗澡，舞動著肢體；這對也是表演者的我來說，那要多麼投入在表演狀態之中呀?!

China Doll

內容描述一位年長的特工米奇，為了帶著自己年輕的未婚妻以及龐大財產優雅退休，而啟動的一連串節稅計畫。然而事情沒有那麼順利，極有可能出任下一任州長的「小子」，將指控他違反《海外反腐敗法》，為求脫身，米奇決定拿自己掌握的政治祕密作為條件交換，而這筆交易需要他的助手卡森配合……

這是一部兩幕劇，僅有兩個演員，而且很幸運的是，當年主角米奇是由艾爾帕西諾演出，時年已經七十六歲的艾爾帕西諾，願意再度站在這個舞臺上接受挑戰，真是了不起！

根據紐約友人的透露，他和與我同月同日生的偶像梅莉史翠普兩個人，整整叱吒紐約百老匯十年的時間。雖然我並沒有太理解這部劇的精髓，可是光看艾爾帕西諾和另外一位演員整整站在臺上兩個半小時，沒停止過的對話，真的是打從心裡的尊敬！

我相信以他的年紀與財富，他大可好好享福，不必花這麼多時間精力準備表演，而且百老匯是個很現實的舞臺，觀眾不買單就是不買單。這樣的表演環境，對演員來說，真的是夢寐以求的天堂吧。真希望自己也能像他一樣，熱愛自己的事業到人生的最後一刻。

我居然報名了百老匯音樂劇的課？

那天是我第一天到學校報到，有一點小遲到，所以帶著慌張的小跑步找到了教室，一打開門聽到同學的唱腔，我聽到了什麼？好不可思議喔！這是世界三大男高音嗎?!和老師點個頭示意後，手還扶了下椅子才坐下。這個同學神情專注，眼睛從頭到尾盯著我的後方，唱到後來鼻子開始變紅，直到音樂停止，眼眶泛著淚地唱完最後一個音符，然後等著聽指導老師的建議，呃，我應該是走錯教室了……

更感人的還在後頭，下一個表演的同學居然是一位年齡大概七十歲的爺爺，看他戰戰兢兢地走到鋼琴旁，雙手輕輕地把樂譜拿給伴奏老師、一隻手放在鋼琴上、另一隻手插在口袋，用著微微顫抖的聲音，開始了類似李宗盛大哥的唱法，時而念時而唱的口氣，不知不覺我也眼眶泛著淚，完完全全被他的聲音感動了。

很好，我真的走錯教室了，這裡到底是哪裡?!怎麼每個人都這麼厲害？指導老師叫 Helen，她說她其實看不太清楚，年紀看上去應該有六十幾歲。我最喜歡這堂課的伴奏老師，每次上課看到他彈琴的樣子，彷彿整間教室只剩他和那一架鋼琴，真的很吸引人，從他投入的樣子也可以理解，他有多熱愛現在正在做的事。我記得我去了一個月後就沒有繼續報名，改選其他課程。實在是覺得歌劇不太適合自己，我想我還是把唱歌當作興趣就好，**知道自己喜歡什麼固然重要，可是知道自己不適合什麼也是幸福。**

百老匯音樂劇課堂上，躺著兩位同學是在為表演暖身。

暫時當個紐約客

紐約客配備：耳機／溼髮／時速一百的腳程／邊走邊吃便當的本領／下雨不撐傘

二十四小時的紐約地鐵就是我們的雙腳，雖然紐約客最愛抱怨地鐵不準時，還又臭又髒，但每天相處總會有摩擦吧，所以臭著一張臉搭乘就是了。

在紐約，不管是不是顛峰時刻，大家出站進站都會呈現小跑步的狀態。紐約客在趕什麼？友人和我說，趕著一天兩份的工作好讓生活過好一點。

時間很寶貴，於是趁著乘車時間，有人好好化個妝、有人小心翼翼拿出保鮮膜包好的三明治、有人來了一段即興表演和你要錢說要養小孩，當然幾乎沒有人給，不是冷漠而是見怪不怪。

其實對我來說只有一點很怪，走在街道上，紐約客眼裡沒有紅綠燈，這交通號誌燈是在他們的心中；腳程很快，哪怕是下起雨也不會影響他們的速度。漸漸地你會發現，慢慢等紅燈的、慢慢走路的、撐著傘的是觀光客無誤。

住在哪裡才最潮？當然是布魯克林

在紐約住過七個地方，如果說結伴同行的話，我最推薦的就是布魯克林。

第一、價錢比曼哈頓便宜一咪咪。

第二、那裡的房子電影感比較重，有著紅磚牆的外觀，大門前的階梯設計，幾乎是木條的地板，走進去還會發出嘰嘰拐拐的聲音，這樣的場景，出現喜歡的人在門口按門鈴也是很合理。

第三、那裡的小店和咖啡廳可愛有趣的比較多，隨便走都是文青，受到滿滿的街頭藝術衝擊。

第四、路人穿著比較有趣，相較曼哈頓區觀光客和上班族比較多，在布魯克林，人們的穿搭嬉皮又有個性，而且幾乎每一位都是精心打扮（到底他們每天得花多少時間在穿搭上呀？）

所以，如果要我選最愛的紐約區域，絕對是布魯克林沒錯！這裡人不像曼哈頓那樣多，不管是二手衣服店、假日跳蚤市場、布魯克林大公園、最有名的 Pizza 店（Roberta's），最喜歡的百年牛排館（Peter Luger Steak House）都在布魯克林區。如果想要更安全一點，也可以選離曼哈頓車程二十分鐘左右的地區，一樣的房價可以有更大的空間，夏天非常推薦！

在紐約也可以便宜擁有說走就走的旅行

紐約離歐洲和南美比較近，JFK 和 EWR 機場（約翰・甘迺迪機場、紐華克自由國際機場）飛世界各地的線很多，也因為這樣，這次來紐約，我多了一趟說走就走的冰島旅行。機票才五百六十元美金（約臺幣一萬六千元），飛行時間也只有六小時十五分鐘，我終於在這個冬天，踏上前往北歐的旅程。

自從看完電影《白日夢冒險王》，就種下我想去冰島的心願。約了住在美西的好友，訂了機票，把在冰島要開的車租好後就出發。

我們從冰島南方開始，先以當地有名的藍湖戶外溫泉作為美好的第一站，我這輩子還真的沒有在冰天雪地裡泡溫泉的經驗，看著眼前飄著細細的雪，身體卻是泡在溫暖的藍色池子裡，人生呀，怎麼可以這麼幸福呢！

往東邊的方向前進，沿途上會看到零星分布的房子，就這麼小小一間佇立在街邊，但仍可以感受到這樣的房子有多暖和多重要。途中經過好多個好美好高聳的瀑布，看到厚雪就衝下車的我們，在路標旁邊拍下了一張至今仍覺得很經典的合照。

68
36
16
36

到了 Diamond Beach，看到了整片閃閃發光的冰塊鋪在海灘上，這是什麼？怎麼可以美成這樣！站在那裡被滿滿鑽石包圍的我，凝望著眼前的冰河好一陣子，還是應該叫冰川？不管了，反正就是看過一次就忘不掉的風景。

這趟旅程，除了每一站都住在 IKEA 風格的房屋，滿天星斗，眼前大部分組成的色系都是白色，還包含了一趟冰川健行之旅。

我真的以為我會在這趟冰川健行中失去我的右手，完全不誇張。出發前教練每個人發了一支鑿冰的武器，然後說：「我帶團這麼多年，沒看過暴風雪像今天這麼大的！」這樣呀，那我們是要繼續還是？教練隨後說：「我們走一步算一步，看能走到多遠？」哇賽，好一個人生哲理，好深奧！一路上狂風吹得我臉好痛，如果要選一個動詞，我覺得「割」很生動，深刻感覺風在割我（心沒有被美工刀割啦，只有臉），痛到幾乎張不開眼睛。好不容易等風小一點，仔細一看才看清楚，眼前像臉的巨冰上也和我有一樣的割痕。

好不容易走到真的不能再走，教練真的願意放下，我才終於鬆了一口氣，剛剛一直在外面鑿冰的右手，好像已經凍僵不能動彈。結束後趕快衝進咖啡廳取暖的我們，點了一杯熱咖啡，意識漸漸恢復，這時我的身體才逐漸回到人體該有的溫度。感謝上帝讓我的右手還能運作，冰島好美，但真的冰呆了！

＃紐約真的什麼都有

降落的第一堂嘻哈跳舞課

抵達紐約的第一天，為了對抗時差和水腫，再加上等不及善用每一刻，我立刻跑去市中心 32st. 的韓國街上了嘻哈跳舞課。課堂上不會教分解動作，就像是直接走進夜店的舞池一般，直接開始跳舞，唯一不同的是燈光很亮很害羞。本來是在最外圍扭呀扭的我，不知道誰推我的，一晃眼我居然站在場中央。oops，那個突然回到現實的時刻，是真的有些不知所措，好在同學都各忙各的，就這麼下去吧。看看時間，一個小時過去了，真的很想問：「請問我們開始上課了嗎？」好在接下來的兩小時，分別學到了東岸雷鬼和西岸街頭嘻哈舞蹈的分別，也是開了我的眼界，況且三個小時只需要二十元美金（約臺幣五百五十元），真的太划算了。

手拉胚布魯克林

上課地點離地鐵站步行約十五分鐘，很特別的是，這是一個軍事基地，一棟棟的建築物彼此距離非常遙遠。因為是晚上的課，在四下無人的漆黑街道上，一個人越走越害怕，在途中先傳了簡訊給朋友，說：「如果我等下沒有和你見面，記得來救我。」直到看到人類出現，才放下心中的大石頭。

好不容易抵達了教室，坐在老師安排的機器前面，開始我人生第一次的《第六感生死戀》[2]。

老師是一位看起來五十多歲，瘦瘦小小的黑人，說話聲音非常溫柔，不知道是他在趕時間還是這就是紐約的節奏，他在五分鐘內一次把所有技巧示範完畢，腦子都還來不及消化，我就開始我的手拉胚 oh my love... my darling 的旅程。很快地我就捏出了一個心裡想要的盤子，超開心的，正在等著老師來誇獎我的時候，由於等得太久，就再多摸了一下，不開玩笑，立馬毀壞！很毀於一旦的那種毀法，我笑不出來了。

老師過來悠悠地說：「too greedy! Can’t let go right?!」然後他就走掉了，走掉了ㄟ，怎麼會醬？只好繼續重新來過，結果又失敗，此時看看身旁的同學們都優雅地完成心中的手拉胚，真的有點想放棄，就這樣斷斷續續好像成型又軟掉來回幾次後，老師直接重新給我一塊新的土，最後終於完成了。

真的是一個盤子耶，成就感達成。

邊跳舞邊畫畫——跳出那個真正自由的我

近幾年臺灣也有這樣的活動，不過大部分是給小孩玩的，如果只有小孩能玩就太可惜了，大人也可以從中獲得許多。首先老師會要求穿上可以用髒的衣服和褲子來到教室，接著給我們一桶桶的壓力克顏料，都擺放好了，聞著老師點的線香、聽著很輕快歡樂的音樂，就開始了一趟很放鬆的旅程。

2 美國奇幻電影，描述男主角被謀殺後，其鬼魂借由靈媒的幫助回到深愛的女友身邊，共同將兇手繩之以法的故事。女主角的職業是陶藝家，電影中有一幕人鬼手拉坯的情慾戲非常經典。電影在一九九〇年上映，不知道年輕的朋友們有看過嗎，沒看過的話趕快去看，好電影永遠不會過時！

這樣的舞畫活動和表演很像，你需要真正融入環境之中，哪怕你踩到了顏料、碰到了人，把自己全然交給這個空間就對了。腳踏上冰涼涼的顏料往畫布上潑去，雙手滿滿的色彩，朝著其他同學的衣服抹去，偶爾跳著舞，把自己想要的夢想寫在畫布上面，真的好愜意喔！真的很想說一句，人生呀！

Pilates 彼拉提斯——這個儀式感必須存在

位在模特兒很多的東邊 5st. 的教室充滿著咖啡色調，有著讓情緒穩定的木頭牆面，牆上掛著好多人像，可是我必須說，我只認識達賴喇嘛。

每個學生都擁有自己專用的機器，這是我從來沒見過的運動器材。第一次上課的我，居然在第五分鐘就看向教室裡的時鐘，心想怎麼還沒結束？噴汗就算了，這個機器好厲害，它讓我完全不會用錯肌群，精準的瘦爆，好險一堂課只有五十分鐘。

後來的我平均一週上三～四次，簡直把自己當紐約客經營。當彼拉提斯成為生活的日常，而非只是單次性的活動體驗，讓我在紐約找到歸屬感。現場有提供熱湯和甜點，有一天當我非常冷又餓的時候，超溫暖我這個遊子寂寞覺得冷的心。

非常有個性但讓人感到溫暖的彼拉提斯教室。

這份有著溫暖食物的歸屬感，也在日後成為我去考彼拉提斯證照的動力。

裸體素描

光聽這個名字就太吸引我了，對畫畫完全走隨性路線的我，到下東區次文化區的現場真的被嚇壞，嚇壞的不是見到裸體這件事，是模特兒換 pose 的速度會不會太快？我還在描繪她的右邊身體，已經換到下一個姿勢，完全來不及跟上，前面五個 pose 都是如此，根本裸體「速」描。

好不容易來到了第二階段，模特兒的速度終於放慢了，但對於比例拿捏得一塌糊塗的我，索性就只專注描繪我所感受到那一隻美麗垂墜的手，試著靜下心來，伴著有點夜晚爵士的音樂，十個人一起安靜地享受這樣的氛圍，不管畫得好不好，就值得了！

每一趟旅程，不管好的壞的，都要盡全力去感受、去品嘗、去經歷；

只有這麼做，才能累積出更多元的自己。

第二節

American Dream
我們
沒有說再見

這次的紐約我有備而來

紐約之旅，讓我體驗到紐約真的如我想像的要多大就多大！在這個大蘋果裡，夢想之蟲有可能會幻化為蝴蝶，也有可能被吃掉。

我帶著一首在臺灣錄製好的饒舌歌曲，邀請曾經合作過的新加坡攝影師，在紐約拍攝我的「影片履歷」。在沒有寫腳本的前提下，去了最喜歡的布魯克林大橋和旋轉木馬公園，明明很冷只有八度，卻穿著合身的短旗袍走在紐約街頭，也第一次在中央公園騎了腳踏車，晚上還到了時代廣場附近的百老匯戲院前當作結尾。

心想著拍完履歷我就要瘋狂地在紐約投履歷[3]。在等待影片完成的時

影片履歷
https://reurl.cc/52zALM

3 時代廣場附近有一個書店，叫做 The Drama Book Shop，裡面除了有演員所有需要的書籍和劇本外，還有販售每個月都會更新的《經紀公司聯繫本》和《製作公司聯繫本》等等相關資訊，一本售價在十美金到十五美金之間。

候，我還是每天上課、每天走不同的路回家，想像著以後來美國工作要住在哪裡？未來的我是會順利找到工作，可以靠自己在紐約生活，閒暇時還可以跟紐約的朋友見個面；還是我會像朋友口中的紐約傳說一樣——每到月底你都可以在紐約地鐵看見許多拎著行李箱的人，因為租約到期身上又沒有錢，不知道自己要去哪裡，只能在地鐵上徬徨，況且地鐵比較舒適溫暖。

當時的我身上雖然有一些存款，但要把錢全都賭上去嗎？那臺灣的房子貸款怎麼辦？越接近夢想就越迷惘，這樣的感覺常常席捲而來，眼看著三個月的觀光簽證要到期了！這個時候我有兩個選擇：

一、可以回臺灣假裝一切都沒發生過，舒舒服服地待在臺灣，不用花這麼多學費和住宿費用，又可以吃到好吃的水果，聽起來輕鬆很多，反正沒有嘗試就不會失敗，我也不用冒險去承擔失敗的風險。

二、想盡辦法待在這裡，先找到機會再說，而且這時剛好有位攝影師朋友邀請我去試鏡蘋果手機廣告。

一切就在我掙扎的時候，攝影師把剪好的履歷寄給我了，看著這兩分四十五秒的自己，我知道如果在這一刻放棄實在太可惜了，所以我做了一個重要的決定，一個比辭掉《空姐忙什麼》還勇敢的決定——我在紐約找了一名律師申請了美國工作簽證（美國律師管很寬）。和律師面試沒多久後我就得回臺灣，我知道只有這麼做，我才有機會再回來美國。

三十五歲的我，沒有放棄愛情沒有放棄夢想，反倒是看到上帝給我的訊息——**現在是什麼狀態，就當那個「最佳版本的自己」，因為我，深信心理學家阿德勒說的：「只有在你認為你有價值的時候，才會產生出勇氣。」**

其實我一直不敢回美國，直到淚流滿面的這一刻

教會辦的一年一度的退修會[4]，是我每年最期待的事，因為第一年參加完後，和媽媽的關係有很大的修復（詳細請見 P209），雖然那時候和耶穌不熟，只知道信主這是一件好事。

正當我準備期待第二年的退修會，一如往常一群人一起禱告的早晨，牧師把手按在我肩膀上，只講了四個字：「去美國吧！」有沒有驚嘆號我不確定，但我可以肯定的是，這個人把我心中最不敢面對的夢想講出來了呀，他怎麼知道？天父啊，我明明沒有和任何人說過呀！怎麼可能，真的是神呀！在哪裡？我怎麼看不到？

當時的我邊嚇邊哭，眼淚沒有停止一直落下，頓時那種被理解和被鼓勵的感覺，彷彿注入了一股強大的力量，把我害怕失敗的恐懼徹底撫平，因

為這個只有神和我知道的夢想，透過牧師的口，讓我不得不面對我內心真正想要做的。

那個害怕我確定不是來自身邊的人認同與否，而是對於未知的恐懼，要放下現在熟悉的一切到美國去發展了？一個誰都不認識的美國，要去闖蕩了嗎？能夠被上帝理解的我，好像吃到了特效藥，得到了一種就算張小8誰也不認識，也是可以去闖一闖的勇氣。

三個月後，我帶上了曾經在紐約完成的影片履歷（完成一年卻寄不出去的履歷，記得嗎？）再次踏上美國，這次我想在洛杉磯試試看，主要原因是紐約的演員以百老匯為主，洛杉磯的演員以電視劇和電影為主，而我想成為的是後者。

4 基督教的活動，放下日常雜務預留一段時間給上帝。在這段時間內，教徒們會靜下心檢視自己的身心靈狀態、侍奉工作，以及人際關係，並做出調整。

這一次也很瘋狂，在洛杉磯我只約了兩個人見面：一位是電影製作人，是之前在紐約的編劇朋友介紹的；另一位則是 Netflix 的編劇顧問介紹的經紀公司。

會認識 Netflix 的編劇顧問，是因為一場中秋烤肉。在出發前一天，我去孝謙導演家烤肉，導演也邀請了這位剛從洛杉磯抵達臺灣的編劇顧問。剛好全場會說英文的人不多，朋友就請我多照顧，因此我整晚都儘量待在他身邊陪他聊天。

一開始和他聊喜歡的 Netflix 影集，接著還推薦他臺灣夜市；直到後來越來越熟稔，也發現他真的聽得懂我講的英文（ >< ），於是鼓起勇氣和他說明天我要出發去洛杉磯發展的事，沒想到他的回答竟然是：「那我可以介紹經紀公司給妳認識！」天父呀！我不敢相信我剛剛聽到了什麼？

在這個中秋節的夜晚，我看到了我的月亮，而且還是最大最圓的！當場他請我留下 E-mail 的聯繫方式，我們就各自祝福旅途愉快道別了。

機會真的不用多，只要一個就夠了。也許這就是命中注定的那一個。

#洛杉磯，夢想之城

二〇一八年九月我又再次踏上美國，這次往有著橘色陽光的西邊去。謝謝我在加州的國中同學孫百立讓我寄宿在她家，睡在她女兒未來的房間，大小剛剛好溫暖了我的心！而且最幸福的是，我和他們全家人生活在一起，所以會吃到有臺灣媽媽味的榨菜肉絲麵，即使在異鄉還是很有家的感覺。

加州和在紐約很不一樣，去哪裡都要開車，假設一個人在外面租房子，那孤單感我猜會與日俱增。朋友一家帶給我的安全感，讓我更可以專心地過著每天投履歷、拍試鏡影片、塞車前往城市試鏡、一個禮拜三天的瑜伽課、晚上聽聖經故事睡覺的日子。

我一落地就和兩位要見面的重要人士聯繫。

第一位是電影製作公司，主要都是和成龍、吳宇森合作的製片。我們選在城裡的一家餐廳吃中飯。因為他是我編劇好友的朋友，所以聊起來比較沒有壓力。在他知道我來這邊的目的之後，他認真地給我幾個非常有用的建議，他說：「雖然人家說好萊塢電影 Holloywood Movie，但千萬不要有迷思，電影多久才一部？一定要多演電視劇。」他後來還補充說：「一開始都會是客串的角色，倘若妳在一部電影裡出現幾秒，人家是說不出妳的名字的，如果是電視劇，機會還大一點。」現在來看他說的這些話，其實是非常有道理的，隨著串流平臺線上觀看的習慣養成，大家進電影院的機會真的是越來越少。

我們合照後準備要道別時，他又給了我一個在好萊塢當演員很重要的提醒，他說：「在這裡每個人都想當演員、就像妳在紐約總是容易踩到演員一樣（形容遍地都是擁有這樣夢想的人在打拚），要記住，千萬不要讓對方知道，妳是租屋的！最好讓他以為妳有房產在這裡，並不是來這裡過水的，這樣對方對妳會多一層信賴感。」

Wow，他給的意見都是我沒想過的，對呀！我沒有工作簽證，要怎麼讓對方雇用我工作呢?!很好！在落地沒多久的時候，就聽到了這麼中肯的建議，一定會成功的！

加州的陽光真的是橘色的，在這裡好像一天安排一件事情就夠了！天氣好到常常穿著泳衣在後院讀書也變成日常。我下載了一個徵選演員的App，每天都會收到試鏡通知，裡面十個大概有九個半是沒有費用的，不過為了累積經驗，看到喜歡的角色，我還是會寄履歷過去。有些是要面對面試鏡、有些廣告給平面履歷就好……我常常麻煩國中同學當導演或者陪我對戲，好險她非常愛演，也覺得這件事很有趣，還會給我一些能讓角色加分的意見。雖然我們寄出去的履歷失敗率高達九成，但我們之間留下了滿滿美好的回憶。

每天都會檢查信件的我，終於等到 Netflix 編劇顧問介紹的經紀人回信了！對方請我再多寄幾張近照以及曾拍攝過的影片，他們會再通知我。好險我的準備非常充分，不管專業的棚拍還是生活照，還是已經加上英文字幕的作品，都已經整理好，於是當天二話不說以最快的速度回覆。過沒多久，我就收到可以去面對面會談的通知。

其實這間經紀公司，我已經 google map 很多次了，這次終於真的可以開到那。我會這麼期待，其中一個原因是，這間公司有八千個藝人，包含歌手、演員，雖然亞洲演員只占了五十位，但他們有簽下《亞洲瘋狂富豪》的男主角 Henry Golding，那年《亞洲瘋狂富豪》在美國的票房算不錯，再加上大陸市場，所以有個說法是好萊塢電影會有意願啟用更多亞洲演員，**OK !That's me!**

當天依著導航開到了公司，我覺得這趟路程就像一場夢那樣，公司大到開也開不完，為什麼公司裡面有馬路？目的地抵達了還有人幫我泊車?!

我是在拍電影嗎？這時女主角小8臉上掛著燦爛陽光般的笑容，走進了大廳，看到了兩個巨型的旋轉樓梯矗立在前方左右兩側，裡面大到我以為來到了 shopping mall，在我不確定嘴巴有沒有忍住閉上的同時，櫃檯小姐帶著我到了公司附設的咖啡廳，而座位剛剛好就落在舞臺正中央，彷彿舞臺布幕正要拉開準備開始演出般。

這時正在猶豫要不要拿手機出來拍照的時候，有個穿著碎花仿絲裙的女人輕喊：「Kate?」我隨即以招牌空姐官方笑容回應：「是的。」這位經紀人拉開椅子坐下，第一句話就把我問倒了，她說：「請問妳有 manager 嗎？」我：「目前正在找。」

因為在美國經理人和經紀公司的職位是分開的，也就是說，每一位藝人都有一個專職的經理人，經紀公司負責接洽所有業務，在統一發給經理人安排時間，沒有經理人基本上不會有人想雇用你，所以當她知道我沒有 manager 時，恐怕就已經預告了這次會面的結局，但這些我都是後來才知道的。

很快，伴隨著笑聲半小時後，她很開心地說：「妳真的是個很有幽默感的女孩，我很喜歡妳，我會和我的團隊進行討論，到時再和妳聯繫。」雖然不知道自己的機會有多大，可是看經紀人整場笑呵呵的，應該很有機會吧。

一個禮拜過去、兩個禮拜也過去，接著是萬聖節的到來，我找到藉口可以寫信給她，也（順便）問討論後的結果？等待這封信的回覆簡直比告白還緊張，兩天後就收到她拒絕的通知，算快了！長痛不如短痛，只好繼續丟履歷吧。

在洛杉磯三個月的時間、丟了上百封履歷、寄了幾十個試鏡影片、拍了四支短片。雖然最後來有爭取到一份有酬勞的工作（也是唯一一份），擔任女主角演出一位同志媽媽，但因為是USC（南加州大學）的電影研究所畢業製作，所以酬勞只有五十元美金（約臺幣一千四百元），而那天停車費就花了十五元美金（約臺幣四百元）。不過我還是用那筆錢請了室友們吃韓國菜，慶祝我人生第一次拿到美金的酬勞。美金怎麼那麼難賺呀?!

眼看著觀光簽證又要到期了，我比上次離開美國更堅定的是，我確定好萊塢是我想發展的城市，於是我把所有的衣物都留在同學家。雖然至今我都沒有看到任何臺灣女孩到好萊塢發展成功的故事，可是如果我會成為那第一個，是不是可以讓以後的人，少走一些冤枉路呢？

But 後來誰都沒想過的疫情爆發，暫時，我想回也回不去了。

But 故事未完待續。

不是每一次的努力都會成功，不過我的人生，從來就不想複製貼上別人的故事。

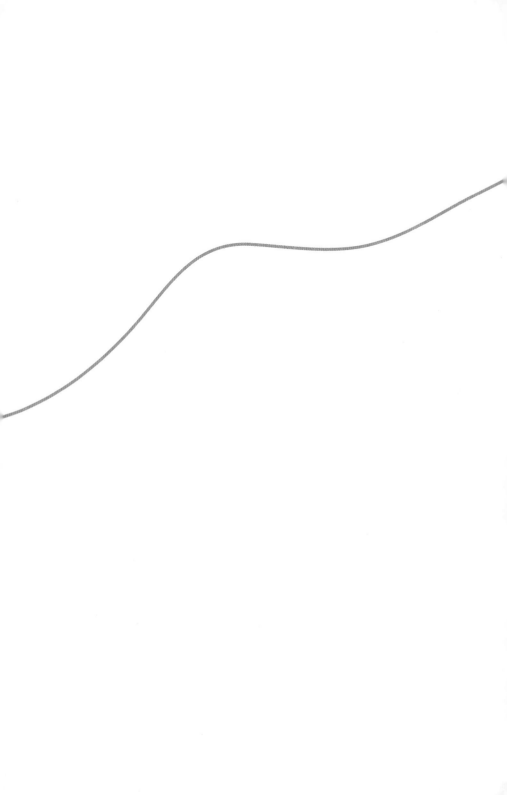

Part 2
愛情

love

約翰一書 4:18-19

「愛裡沒有懼怕；愛既完全，就把懼怕除去。

懼怕裡含著刑罰，懼怕的人在愛裡未得完全。

我們愛，因為神先愛我們。」

第一節

享受孤獨，有時候還是會寂寞

從來不羨慕別人的我，居然想複製貼上她的幸福

從小到現在，我的人生中出現過最少的字眼應該就是「羨慕」兩個字。

我自己也非常好奇這到底是哪來的自信？也許是我一直很幸運，總是可以做自己想做的事，也不太害怕別人的眼光，所以我沒什麼機會去羨慕別人（除了家裡很有錢的那種喔）；再來是我覺得如果羨慕了什麼，該做的應該是努力去爭取，光用嘴巴說好羨慕、好羨慕，其實很浪費時間。

我猜上帝打從我還在媽媽肚子裡時，就注入勇氣成為我的血液；那種不怕失敗、不怕別人嘲笑的勇氣。但我居然在另一個她的身上看到了幸福的藍圖，一個我想要複製貼上的幸福。她的名字叫百立。

在一個週五晚上的 house party，百立邀請了她的好友、妯娌和我一起

晚餐，沒有任何慶祝的名目，但她每個禮拜五都會策劃這樣的活動。那個晚上我看到百立和妯娌有說有笑、百立媽媽和女婿正在舉杯、百立好友也在一旁開心地享受這個空間。此時兩歲大的小孩跑去找爸爸撒嬌，看到爸爸單手抱起女兒（對！單手是重點，有些帥氣），一個再正常不過的日常，我心想，如果我是百立，應該會覺一切都滿足了。

我會這麼認為是有原因的，百立這一名女子從國中開始的每一段戀愛都轟轟烈烈到外太空去，每一次分手都哭到連外星人都來安慰她，但她卻是我看過最「知道自己要什麼」的女孩。

她跟某一任男友的分手原因讓我印象非常深刻，只是因為這個男孩在吃洋芋片的時候，沒有把最後一片留給她，而那包洋芋片剛好是百立最愛的口味。她悠悠地和我說：「那代表他沒有把我在乎的事情放在心上，以後也不可能想到我。」當時聽了覺得她在感情裡有一點驕傲，可是也不得不佩服那個說不要就不要的勇氣。由此可見她有多了解自己。

面對一個比我果決（有勇氣）的好友，我人生中不論發生大小事都會找她討論。曾經想在紐約住下來而且申請了一個碩士學位的我，也不小心剛剛好有了紐約對象的我，跟她有了以下的對話。

百：妳真的很喜歡這個表演課嗎？
我：對呀我覺得我不上會後悔。
（同時心裡擔心著這裡的房租和生活開銷）
我：而且我剛剛測試我的男友。
百：他怎麼說？
我：他居然沒有在第一時間說希望我留下來，說他可以照顧我。
百：8，妳現在是要為自己的人生做決定，和男友應該沒有關係才是。

百立幫助我了解，**每個人都應該要為自己負責，即使是情人之間，也應該存在著界線**；如果我只是貪圖方便和省錢而利用了男友，那就不會是一段健康的關係。她的提醒讓我意識到自己有更多成長的空間，我想這就是

「好友」的重要性。

謝謝百立讓我看見，我所期望的幸福藍圖，希望未來某一天我也能擁有這樣的風景。

#是我最想結婚生小孩，怎麼妳們都搶先一步？

二〇〇六年哈特女孩成立——成員共有六位單身女孩，我們一起去夜店、唱歌、過每一個生日，簡單地說，我們一起「消耗青春」！

那一年在東區聚會時，我們（好吧是我而已）訂下了一些規矩：
一、不管以後誰結婚，禮金一律是一萬兩千元。
二、不管以後誰生小孩，一定都是彼此的乾媽。

不瞞大家說，青春期的我有非常嚴重的控制欲，比如：唱歌不允許坐著（站著還要跳舞、情歌可以休息一下）、絕對不能遲到、出來玩一定要有dress code，現在回想起來，只覺得為什麼大家要和我做朋友呀?!

記得有一次約去東區吃燒肉，dress code 是酒家女風，除了服裝要符合標準外，我希望大家可以更多投入，至少語言的部分要到位，所以逼迫大家整個晚上都得說臺灣國語，笑得好累、玩得好瘋、我們打扮得真的好醜。不過最醜的遠不止於此，某年萬聖節我們打扮成六個男子漢到夜店，戴假髮畫鬍子穿西裝，還因此付了比較貴的門票（女生門票當時比較便宜）。可惜的是，這一切發生在社群網站還沒如此流行的時候，所以並沒有留下什麼記錄。不過當時我上網訂購的光頭皮一直沒派上用場，本來預期打扮成六個和尚（對，又是男的）去夜店拿缽飲酒作樂的，看來，只能期待哈特女孩的下一代來完成了。

回想起來覺得年輕的自己有點胡鬧，但想到現在只剩我沒收到禮金就覺得更胡鬧了！

其實二十五歲的我就立下了要結婚生子的志向，當時姊妹們聽了覺得很不可思議，其中兩位射手座的說：「這樣就真的沒有自由了。」結果其中一位和交往一個月的男友閃電結婚，而且還嫁到美國去，現在也有個三歲大的兒子了，天公伯呀!!我許的願望你沒聽到嗎？

然後一個接著一個，那些曾經笑我靠男人靠不住，千萬只能靠自己的男子氣概姊妹們，一個個穿著美麗的婚紗，拿著我的紅包嫁出去了；而我則要一直當伴娘、只過著小孩們叫我乾媽的日子。

接下來，群組的話題我越來越難插話，我沒有推薦的小兒科診所，更不知道生產的辛酸甘苦，好不容易約出來也得選在親子餐廳了，更是沒辦法好好講完一個故事。要不是後來我還有少數幾個單身的朋友，不然當時的我真的覺得人生好難、這樣的友誼長存更難！

哈特女孩有一句座右銘「活在當下、開心就好」，看到妳們隨著身分的改變，對愛有了不同「層次」的解讀，雖然我無法完全理解，不過有感受到妳們的成長。妳們每一個重要的階段我都有參與其中，對我這個控制狂來說，也是非常過癮的一件事。

至於現在的我，我還是很活在當下、我還是相信上帝會為我預備那個最適合我的丈夫。姊妹們，那個一萬二的紅包，街口支付就給它轉過來不要客氣了，哈哈！

敬，永遠的哈特女孩們！

#紐約大媽的遺憾，也將會是我的遺憾?!

從紐約回臺灣的那一天，我照慣例搭了最後一班紐約往臺北的班機，我很享受慢慢來的感覺，特別是在機場，在機場慢慢閒逛讓我感到很放鬆。我喜歡悠哉地吃一頓飯，之後買一杯熱美式坐在落地窗前看著飛機，喝完了就去逛逛精品和免稅店。

逛街時我並不會預設要買什麼，常常到了商店才想出自己可能需要添購的物品，而這一天剛好覺得自己嘴脣好乾，於是乎就想買支潤色護脣膏，就在邊選邊逛的時候，聽到來自前方一位聲音相當宏亮的大媽呼喊著（請原諒我這樣稱呼她，因為她某種程度很像我媽，特別是嗓門的部分）。

大媽問我需要什麼，在我說明了我嘴巴很乾又要坐飛機十二小時的需求後，她劈里啪啦地介紹她心目中最棒的那一支，以及附上會有的特別折扣後，我的信用卡很自然地就交到大媽手上。就在此時大媽看了我一眼，問我是不是單身？我撒嬌地點點頭，問她要不要幫我介紹？大媽笑了一下說：「哎呀，妳這麼漂亮，一定是眼光太高了！」

大媽瞄了一眼我的登機證，發現我還有大把時間，於是開始娓娓道來她的人生：「我以前和妳一樣，一個人世界各地跑來跑去，談過幾次戀愛，沒有遇到一個男人可以跟上我的速度。因為我的膽量太大，所以男生都受不了，現在才會一個人。」一登愣！此時我的心彷彿被重擊了一下，接下來的半小時，我們把整個免稅店當作中央公園開始暢聊。就算她中間要帶客人去結帳，也請我不要動務必要等她，時不時可以看到她邊結帳邊用眼睛盯著我不放，好像有什麼重要的話要告訴我。

接著她告訴我剛剛那一刻，她的業績達標了，這樣她就會有六百元獎金，可以拿去餵流浪貓。在紐約生活三十幾年的她，現在六十二歲，等不及再兩年就要退休，她打算回臺灣過著在北投泡溫泉和去菜市場的日子，人生呀以後夏天待在紐約，冷的時候就待臺灣，直到她跑不動為止。

她說萬一跑不動的那一天發生了，那她就待在發生的那個城市。正以為話題要進入尾聲的我，此時大媽說：「如果人生可以再來一次，我一定會找一個義大利人生小孩，最好是兩個女孩。」一登愣!!我的心此時應該不只被敲了幾下，還像抹布轉了一下擰出一些（淚）水來了。看似活得自在瀟灑又懂愛的大媽，心中的遺憾會不會也是我的遺憾？最後大媽趕我去登機口，拍拍我屁股說：「記得喔，再怎麼玩都一定要生小孩喔！」

三十九歲的我還不知道答案，可是這番話，的確把我心臟的節拍器往孩子的地方偏了一些，真心對於有孩子的狀態，多了一份嚮往。

謝謝大媽，希望有一天可以在北投洗溫泉的時候遇到妳。

＃人生這幾個 moments 我真的好想身邊有個人陪喔

亂葬岡的場景＋飾演鬼的我

當天晚上九點的通告，獨自開車前往十份的山上，一路上的風景就是……沒有風景，因為天黑了，本來就不擅長開山路的我，晚上開挑戰更大。這條山路真的沒在開玩笑的，長達半個小時的路程都沒有路燈，等一下要演鬼的我，會不會真的遇到同伴直接入戲？

整條路我能開得多慢就有多慢，記得當我看到導航上出現了數不清的髮夾彎，那一刻真的崩潰了！密密麻麻的形狀，大概有一百個這麼多，我猜導航應該自己也嚇瘋了吧！

為了確定自己沒有走錯路，我拿起手機要打電話給劇組，很好，沒有收訊！眼看通告時間要到了，前方雖然沒有看到劇組打的燈光，可是回頭路又好遙遠……好吧！衝了!!就只能死命地一直往前開。

開著開著我居然開始思考活到現在有沒有什麼遺憾？看了副駕駛座一眼，結婚的念頭竄了出來，如果我有一個老公，他應該會幫我開這條恐怖的山路吧！或者我有一個老公，我現在就可以罵他為什麼不來幫我開這條路……想到這裡，心中的寂寞感突然湧上來，而這一刻的無助感，好像前所未有。

於是我開始了自己與自己的對話，如果我當時答應前男友的求婚，我現在就不會這麼可憐了？還有我的前男友們怎麼都結婚了？他們才是人生勝利組？是我哪裡不好嗎？怎麼這麼老還嫁不掉，其實真的是因為自己有問題吧……一連串對自己的控告，這些文字飛快地在我腦海深處發光，彷彿全世界只剩下我自己。

我不記得那一個晚上我鬼演得好不好？不過那種單身孤獨終老的新鬼恐懼卻一直冷不防地突襲我的生命，直到現在。

在紐約北方的小木屋，生了一場人生目前為止最嚴重的怪病

那一年的聖誕節紐約很美，飄著白雪，街上各式各樣的造型街燈，無論是巨大的聖誕節燈飾，還是精品店前的豪華禮盒，我彷彿置身在電影場景裡那般夢幻。參加完洛克斐勒中心的聖誕節點燈儀式後，為了明天和朋友去北方的小木屋渡假，我早早回家整理行李。

回到家後，開始覺得身體很冷很冷，冷到要用吹風機一直保暖的程度，剛開始想說是不是大樓暖氣壞掉了?!問了管理員確認沒有問題，我居然開始覺得好熱，就這樣一冷一熱了整個晚上，直到隔天，朋友來接我的時候，我又神奇地恢復了體力！雖然不知道昨晚是怎麼回事，可是管他的，我真的好興奮喔！在紐約，就算去加油站附設的便利商店都讓我覺得新奇

有趣，更何況是去小木屋，我第一次要去真正的小木屋渡假ㄟ！

沿著曼哈頓本島往北方行駛，開了近三個小時，到了紐約北方的一個叫溫頓鎮的地方，一片雪白白的風景，枯萎的樹林們圍繞在小木屋的周圍。晚上泡著溫泉，看著星星、月亮、樹林……就算等等出現熊和鹿，也不覺得奇怪，美得不像話。

紐約北方的溫頓鎮。

不過好景不常，到了半夜四點我又發作了。身體不由自主地抖動，冷的時候在火爐前取暖、熱的時候跑到屋外呼吸一下新鮮空氣，好一點時又回到屋內床上，手還握著吹風機休息；就這樣每一個小時循環一次直到天亮。不管是普拿疼還是美國的感冒藥都沒有效，一直持續到隔天回到曼哈頓。此時無助又在異鄉的我真的好想家喔！不過算了，以我（該死）的個性也不敢打電話和爸爸媽媽說。

回到曼哈頓的租屋中，發現了一件令人想哭的事，也就是在我生病的這五天，都沒有人傳訊息給我，NO BODY！也就是說如果我怎麼樣了恐怕沒人會知道？我客死他鄉也可能要好幾天才有人發現?!到底為什麼？是身邊的人覺得我太獨立會照顧好自己？還是我做人失敗平常太少關心別人？控訴自己 again！

這時候如果有另一半在身邊，是不是會少一點寂寞？少一點無助?!

從外太空回不來的我，只想找到很愛的人說我好愛你

在一次的催眠經驗中，有一世我駕著太空艙準備要返回地球，航行到一半，突然發現太空艙燃料不夠，我告訴所有組員，我們可能要有心理準備和愛的人道別了，請大家現在趕快打電話和你愛的人好好說再見。

我看著手機愣了好久，居然不知道要打給誰？緊接著，我嚎啕大哭地回到這一世，這時催眠師告訴我：「小8，是時候打開妳的心去愛別人了。妳可能有發生什麼事情，讓妳失去愛人的能力，這件事是要讓妳知道，可以努力去找回來了。」

聽完的我再度崩潰。我不知道你們有沒有過那種，心裡對什麼事都很「無感」的時候，好像丟任何石頭都激不起我心中的漣漪那樣。那一陣子對我來說很低潮，我對於眼前的事物都沒有感覺了，快樂不起來也哭不出來，就是「沒感覺」。即使是參加最好姊妹的婚禮，跪在地上奉茶的必哭

橋段，我一滴眼淚也擠不出來，其他好姊妹在旁邊各個哭得跟淚人兒一樣，我就是哭不出來！

說真的我也被這樣的自己嚇到了。這樣的無感持續好長一陣子，我不知道可以和誰說，我也不知道怎麼說？不過唯一慶幸的是，好險那時候沒有人找我演戲，不然我可能連自己都感動不了。我只知道我徹底關上我的心門了！不過當我覺察到這一件事，我和上帝禱告說：「我想要再度擁有愛人的能力，請祢有一天幫我打開吧。」

小 8 的單身日記

2018/10/30冬天

內心的煞車系統每失戀一次，
就變得更耐用一點。
有個人，可以讓你倚靠在他的肩膀上，
有個人，在參加別人婚禮時可以陪你聊天，
當你在工作上單打獨鬥的時候，
知道有個人會義無反顧地支持你
有個你等不及和他分享生命中悲傷喜悅的人，
有這樣一個人，有多好。
沒有是應該的，
我們本來就是一個人來到這世上，
能多一個伴在旁邊加分，
是多的、
是好的。
我們本身就要成為很好的1，
這樣1+1大於2的機率才夠高。

2018/11/22

單身一年半，
原來心裡那塊空虛感是來自愛情。
前面半年在療傷，
後面一年真的怎麼也填不滿。
去了柬埔寨感受自己有多富足，
回來沒多久又失去感覺。
去了倫敦採訪電影《金牌特務》，
空檔時間才發現自己有多寂寞，
工作填得再滿都無法感受踏實。
原來，一直不願意承認需要愛情的我，
其實是需要的。
為了家人活得這麼久，
總算為自己活了。
感謝上一段感情，讓我知道如何fight for myself!
一直對我的另一半好奇，到底會是什麼樣的男子？
不管長相、個性，我好奇於他每一個細節，
感謝在紐約的最後一個月，讓我找到了。

2020/08/05

讓我來告訴兩年前的妳，
妳沒有成功。
妳以為他是妳的最後一個、
妳以為他讓妳勇敢、
妳沒有因為他更了解自己、
妳只知道，
這世界妳只是少愛了一個人而已。

#讓我來和四年前的妳說說話

2020冬天

看了日記才想起妳單身這麼久。

雖然這兩年拍了電影《喜從天降》、電視劇《姊妹們追吧》，除了在工作上累積了一些作品，殺青後的妳，又發掘到了「前所未有的妳」。妳真真正正愛上了大自然——愛爬山、愛玩水、獨木舟、考潛水證照、考上彼拉提斯證照、還去參加划龍舟比賽，也是划龍舟這項運動，讓妳多明白了人生一點道理。

記得在拍攝《姊妹們追吧》的時候，每次看到一個龍舟國手友人的動態，都覺得徹底地被療癒到了。IG動態上大家整齊劃一的動作配上澎湃的吶喊聲，完全震撼了妳，那種就算妳不在現場也覺得自己消耗了些熱量。原來這群人是玩真的！心想一殺青一定要加入他們的龍舟隊，說到一定會做到的妳，六月殺青、七月加入、十月買槳和救生衣、十一月參加比賽，短短三個月的時間每週一到兩次的訓練。

妳完全迷戀上這個新的運動，著迷的原因除了龍舟隊長的身材好好外，還因為划龍舟是少數不求個人表現的運動。不管是籃球、足球、排球……都是有個人成績項目的，而划龍舟只能配合團隊跟上頭槳，想盡辦法用盡吃奶的力氣跟～大～家～一～樣。因為要比賽的關係，妳對自己的肌肉量要求才變得比較嚴格，誰叫妳是裡面最菜的！每天二十五下的伏地挺身、一個月一次的百岳……只為了不要成為那粒老鼠屎！

這時的妳因為能夠移除了一些驕傲，妳了解到每個人存在的必要，生活每一個層面都是以團體的方式在進行著，每個人都有他無可取代的地方。就像拍戲，就算自己演得再怎麼好，若沒有好的劇本、導演、對手、剪接、配樂、行銷……自己也不成立。

雖然現在此時此刻的妳根本沒有任何一個約會對象，可是我可以感受到妳是「真正的快樂」。妳好像開始明白，懂得感激身邊的人，認同他們的存在價值，如此，妳的人生才快樂。所以，妳好像找到了自己最喜歡的樣子，喔不是好像，妳「已經」找到自己最喜歡的樣子！

一段健康的感情，應該是
兩個能各自享受孤獨的
人，分享彼此的美好。

第二節

致前戀人們

每一個分手的戀人，都是在相同的時間開始相愛，只是沒有在相同的時間不相愛了

看完李安導演的電影《少年 pi 的奇幻漂流》，我開始明白好好道別是人生最重要的功課，戀人之間分手、家人之間的永別……都是極度悲傷的事，但每個人卻是得一次又一次地經歷。

看著從前因為分離所留下的傷疤，每一次都痛到讓人疑惑到底有沒有痊癒的那一天，**要不是站在「現在」看著「以前」，怎麼能夠瞭解那大小深度不同的傷痕，其實是成長的記號**。

每次分手後都有朋友安慰我說：「好險你們還沒結婚。」是呀，能知道彼此不適合也是一件非常幸運的事。然而若沒有走到現在來回頭看，是無法體會這份幸運的箇中滋味。也許「成熟就是懂得站在以後看著現在」，

從高處俯瞰自己，許多事情會變得沒那麼重要，許多情緒更是顯得微不足道。

分手後的有一天我們遇見，口裡唱著詩歌、眼神四目相交，原來我只剩下祝福。

原來真正的愛自己，是要告白後才懂?!

那一年的秋天在洛杉磯認識了一個日本男子，他留了很有個性的鬍子，身高雖然不是我所期待的，不過可能因為他的興趣是我學不會的衝浪、他的工作是我永遠不可能成為的品牌設計師，於是我有了一點點怦然心動的感覺。

第一次的約會，我邀請他一起去看我最喜歡的喜劇演員 Jerry Seinfeld 的脫口秀，反正就算不喜歡他，我也享受到了美好的洛杉磯夜晚。看完秀的他居然約我喝珍珠奶茶，簡單聊了一下看完的感覺和介紹他自己後，我們很自然地慢慢散步回到停車場，結束這一天。

晚上他確定我到家後，就再也沒傳任何簡訊了。睡前我也開始回味今天的約會，覺得很美好可是又有什麼還不確定，沒自信的想法開始蹦了出來：是不是我英文不夠標準，他都不知道我在講什麼，所以沒有喜歡我？結果，根本是我想太多，過了幾天收到了他的第二、三、四次的邀約，我們一起去打保齡球、看電影、健行、按摩、吃日本料理……約會了好多次後，一切感覺都正要來臨的時候，我的觀光簽證到期了！哎～我竟然在這重要時刻要回臺灣！

回臺前的一個主日聚會，我的心思完全被日本男子占據，耶穌在哪我根本不知道，我只知道鳳梨酥（上帝祢知道我愛開玩笑），於是我鼓起勇氣打電話給他，問他怎麼看待我們的關係？在等待他回答的同時，我的食指應該快咬破了，後來他說：「我需要時間，I want to take it slow... 太好了，這答案剛剛好！我也想慢慢來！我也很怕犯下以前那種被時間追著趕的愛情錯誤。這個答案對於當下要分開的我們很完美！

三十五歲的戀愛，沒有時間玩遊戲，四十歲的他，好像更怕浪費分秒。所以我就帶著這份「可能要慢慢談的感情」回到了臺灣，直到一天過去、兩天過去、一個月後的我想說，應該夠慢了，應該想清楚了吧？因為我想清楚了，我發現他在我心裡有一個房間，於是我發了人生第一封的告白訊息，按了發送後，就帥氣地放下手機去工作了。

簡訊發送後，那種前所未有的輕鬆感，我倒是第一次體會。如果一般人用放下心中的石頭來形容輕鬆的感受，那我輕鬆的程度大概還可以把這顆石頭丟到美國這麼遠這樣。我不記得過了多久，他傳簡訊告訴我：「I am not ready for a relationship.」Great! Wonderful!! 好哇好哇被拒絕了……原來被拒絕是這種感覺，真的是祝他幸福快樂又安康ㄟ。

哈，其實真實的我反應是非常平靜的，因為我得到了一個非常重要的收穫，就在告白事件後，我才明白，**原來愛自己，是鼓起勇氣追尋自己喜歡的人事物，鼓起勇氣告訴你我喜歡你，我願意讓你「參與」我的人生，因為這是「你的榮幸」。**

謝謝他拒絕我的告白，我才深深知道我的價值不是建立在你喜不喜歡我這個人之上，我的價值是上帝給我的愛，原來被神愛著的女兒是這樣的感覺。

聖經裡說：「愛裡沒有懼怕，愛既完全，就把懼怕除去，因為懼怕裡含著刑罰；懼怕的人在愛裡未得完全。我們愛，因為神先愛我們。」我知道我不會因為這個男生不喜歡我就否定自己，反而是更欣賞勇敢追求的自己，這大概是世界上最美好的禮物了。

後記：

過了一個月後，他傳簡訊問我好不好，最近在 L.A. 嗎？

我禮貌地傳了回去，nope.

下臺一鞠躬，謝謝收看。

談戀愛不是讓我變成一個更好的人，而是讓我能成為更像自己的人

那天是我跟他第一次見面，他穿著黑色皮衣，裡面搭著白色長 T-shirt，項鍊一長一短很可以，身上氣味是我好久沒聞到的屬於男生的香水。他一見面就給我一個紐約市的擁抱，那是一間在曼哈頓下城的飯店酒吧，不喝酒的我點了一杯健怡可樂，看著他陽光般的笑容搭配著窗邊的風景（請問在拍電影嗎），嗯……很好，和網路上的照片長得一樣真是太好了！

竊喜之餘的我開場白是：「我很久沒有這樣和男生約會，非常緊張！」（雖然我的緊張全世界沒有人看得出來）他笑笑地告訴我：「等下的餐廳很好吃，吃到好吃的就不怕了。」他身高很高，走在人很多的紐約很好找，過馬路的時候還會伸出手擋車子，餐廳好不好吃我不記得了，不過這個人的分數滿到我的計分板都寫不下去。

那天亮點是吃完飯後的鋼琴酒吧，一家真的只有一臺鋼琴，小小間的酒吧，整間客人只有四個加上我們兩個，從頭到尾那四個朋友一直是以圓圈的方式圍繞彼此，而我們站在吧檯。這裡和剛剛餐廳的光線落差很大，他的膽子也順勢越來越大，他開始把手放在我的腰上，臉往我的嘴唇靠近，呼吸越來越大聲……這時我伸出手把手指頭放在他的嘴唇上，輕輕地說了一句：「I want to take it slow.」（其實心臟要跳出來了！）他很像電影裡歷經大風大浪的男主角說：「Sure.」

隔天他找了很爛的理由要來我家附近辦事（那天是禮拜天是要辦什麼？），我也順著他的藉口陪他到中央公園散步，還看到了全世界最浪漫的一坨馬屎，真的是好「巨大的浪漫」！

約會幾次後的某一天，他問我要不要在一起？我說：「認識你後的每一天，我都在想這個問題，可是我的答案是我不知道。」我真的不知道怎麼去判斷要不要賭一把，我就是害怕年紀這麼不輕的我，會不會再次給了自己傷心的機會？有沒有療傷的實力和時間？他聽完認真地看著我說：「妳擔心的事情我也同樣擔心，妳只要記住，妳不用擔心怎麼去當一個好女朋友，只要做妳自己就好。」真不愧是在紐約見過世面又演過電影的男主角（好啦他沒有演過）！不過這段話完全打中我的心，當然也答應了他的告白。

長大後經歷過情傷的我，在愛情裡常常需要計算利弊得失，我想我真的需要對方這麼用力地拉起我的手，讓我來不及思考，才會答應。後來的曼哈頓，到處都有我們手牽著手散步的足跡，也因為他，我對紐約的回憶豐富且更新了許多。

和他在一起的每天都很開心，直到接近我要回臺灣的時候，他說：「我不想要妳回臺灣，我的人生目標，是和妳一起創造許多美好的回憶，雖然我知道以後的路會更難更複雜，可是我想要挑戰。」我說：「你把我的臺詞都說完了，那我要說什麼？」雖然我們都沒給出承諾，但也沒有分手，可是我心裡知道，等回臺灣後，我就會知道在紐約和他談戀愛是不是因為寂寞？如果不是，也真的跟他在一起，那我要在紐約定下來嗎?!

帶著很多問號回臺灣的我，卻因為想念這個人而常常落淚，我很明白自己好久沒有把人放在心裡了，雖然享受，遠距離戀愛卻也很辛苦。不過沒多久後，電影即將進入拍攝期，我開始把重心放在工作上，也因為是第一次擔任女主角，給自己太大的壓力（控制不了），全副身心投入工作，臺中拍完臺北拍，即使中間拐到舊傷（曾經韌帶斷掉的腳踝），也找不出時間看醫生，就算有那麼一點休息時間，也只想好好地和家人吃飯、和自己相處、然後好好地睡覺。

我下班回家時他已經上班，他的假日我也在拍攝，那時最常聊天的時間是在開車的時候，絕對都不是 quality time。時間一久，我居然忘記我有男朋友了，對於那個剛回到臺灣因為思念哭得半死，現在卻覺得打電話給男友是交功課的自己，我感到很陌生。當我覺知到這一切，我明白了一件很重要的事，我根本不愛這個男生。於是我找了時間決定和他說出我心裡真實的想法：「和你交往的這陣子，我看到了從未見過的自己，工作雖然忙碌，但我卻沒有在空閒時間想起你，收工了，我也時常累到忘記打給你。我必須誠實地和你說，我發現我沒有自己想得那麼愛你。」

謝謝你！和你在一起的每天都是很有趣的回憶，人生有你陪我走這一段路，是很珍貴的。祝福你和你未來的女友，能有更多的共識，一起走完這一輩子。

後記：

其實當時的怦然心動都還記得，不過回頭看那個很勇敢說不要的自己，即使是這麼想要進入婚姻，卻還是沒有勉強自己，放手了一段有機會深入的關係。我有時候都不得不佩服自己的誠實，好誠實聽到內心的聲音又可以很勇敢地做出決定。可能不想再像以前一樣，明明已經看到問題，可是卻用最輕鬆的方式逃避，繼續一天過一天，而且天真的以為，對方會改變，抑或是我會改變！**好險有長大，長大就可以誠實地面對自己的情緒，又可以做出理性的判斷，多好！**至少，那個懷疑自己的部分少了一點，這也許就是長大最美好的滋味吧。

＃交友軟體帶給我的省與思？

如果說世界上最適合單身的地方，我會說是「紐約」。原因是只要我出門，永遠不孤單，不管是出去買杯咖啡、餐廳、博物館、走在布魯克林大橋上……永遠都有人主動和我說話（流浪漢也算在內喔，哈哈）。如果喜歡夜生活，那更是簡單，就算是一個人去夜店，到最後變成十幾個人一起吃宵夜也是正常。紐約朋友說，許多來自世界各地的人來到紐約打拚，彼此之間會多了一份同理，所以心很敞開，也常常很願意幫助彼此。而最流行的交友軟體，在紐約客的世界中，更是一件再自然不過的事。

在紐約的那一陣子，每到晚上滑交友軟體成了我相當快樂舒心的時刻，甚至在白天時，都會很迫不及待到晚上好好享受這件事。懶惰的我並沒有認真看待線上交友，直接複製貼上臉書的個人資料，使用系統自動選擇的五張大頭貼，就完成我的個人基本資料。接著開始使用交友軟體，不喜歡就往左、喜歡就往右等著配對，配對成功就再確認一次是不是我的菜，真的有興趣我就會先打招呼。

大部分的開場白都是複製貼上的基本問候，或許再多幾個生平有趣的故事，如果對方剛好有趣又主動，白天也會聊上幾句，當作在這個陌生城市多一個關心我的人。一切都是我說了算的感覺真好！就如同女王一般，這一連串的決定完全可由自己掌控。看似只有好處沒有壞處，但網路世界仍是疏離，沒看到人的關係都不夠踏實，久而久之，會產生倦怠的感覺。

重複說著自己為何來到紐約以及未來的夢想，如果沒有約出來見面，關係就會呈現一個靜止的狀態。回到現實世界的我，偶爾期待著下一次再度進來這個美好的王國；可是……這不是真的世界呀。

在我身邊有許多滑交友軟體的朋友，而當中只有一位是願意付費享受這個軟體的功能，老實說一開始我真的認為很浪費錢，一個月付六百元臺幣可以看到誰來按你愛心，這個功能有什麼意義？她和我說：「可以從已經欣賞你的人中挑選喜歡的人，成功機率比較大。」她同時也把大頭照設定的九張變成九個不同面向的她，而且沒有一張是全臉，其中有工作中的她、一隻貓、一個最新染的豹紋頭……她希望自己不要再以貌取人，而是能看到照片中人的故事，同時也這麼期許著未來的另一半。我完全被說服了，表示她真的很認真要找另外一半，而這件事，本來就該這麼認真！

在紐約的那時候，我透過交友軟體認識了一個韓國男生，只有聊了兩三次，我就主動約他出去吃韓國菜，第一是我真的非常想吃黑色炸醬麵、第二是他長得很可愛。

我那天上完彼拉提斯，基本底妝加上一身運動服就赴約了，因為我覺得以真實樣貌相處比較自在。吃完晚餐他提議去旁邊吃甜點，而他也早就谷歌好甜點店，雖然晚上吃甜點不是我的風格，畢竟我覺得比去酒吧好。

花了四個小時和這位男子相處，大致上感覺都不錯，不過讓我印象深刻的是，他對於我自己付晚餐錢相當驚訝，他說他沒有遇過會在約會時掏錢的女生，我笑著說：「臺灣女生都是這樣的。」後來這個男生有一天喝醉傳簡訊給我，希望我去接他回他家，我就已讀不回了。

決定放棄這個對象，還有一個最重要的原因是，他曾經和我說，他不是一個開心的人，所以他希望他的另一半，是可以讓他開心的人。我認認真真地問自己，我在要求另外一半應該具備什麼條件的時候，我自己擁有了幾項？

當我的生命狀態一直隨著環境和心境改變，有趣的是我的交友條件漸漸地從一百條變成五條了，簡單來說，我不是靠著對方來得到任何滿足，因為人永遠無法滿足別人。我期許的關係是沒有條件的愛，是一種願意做任何事只為了一起成為那個更愛對方的人，也是一種恆久忍耐又有恩慈的愛，可以被冒犯一萬次卻還是愛著對方那樣深刻的愛。

我每次和朋友講到這裡都會興奮起來：他會不會願意和我一起去非洲做公益？他會不會一起感激今天的陽光？他懂不懂得珍惜生命中已經擁有的？……我的朋友也都跟著我一起期待那個會讓我動心的另一半，我想是因為，他們都知道我已經準備好了，親愛的先生快出現吧！

2018初春

敬那些
努力上進的女孩們
即時另一半原地踏步
妳也勇敢離開
沒有人要為妳的快樂負責
要成為有能力讓自己快樂的人

不論進入一段關係、拒絕一段關係、修復一段關係，都需要勇敢。

第三節

為了讓你遇見最好的我

＃為什麼這麼喜歡一個人去旅行，是在預備一個「更好版本的自己」

二〇二〇的下半年，也就是電視劇殺青的七天後，我獨自開著車開始我的東部旅行，朋友知道後都很訝異地問：「為什麼不約朋友一起去？」真是個好問題：「我從來沒有想過欸。」如果硬要有什麼答案的話，可能我以前就常常一個人出國，這次是去臺灣的臺東，一個人更沒問題了吧。

只不過我沒有想到的是，這段旅程，居然徹底地改變了我的人生。

那一個晚上，我在花蓮開往臺東的海岸公路上，沿途沒有路燈有點漆黑，我時而開遠光燈確保看得清楚行駛路線，時而關掉遠光燈確保對方車道駕駛眼睛不會瞎掉，就在我某一個關掉的瞬間，我看到我左邊的方向有紅紅一大塊的光照著我，把頭轉過去的那瞬間，我真的驚呆了，一顆好大的月亮在海上！

大概就是我整隻手張開的極限畫一個圓這麼大，對耶，我左邊是海洋，我試著靠邊停想用手機拍下來，但就是拍不出來現場的震撼。我三番兩次停在路邊打開車窗讚嘆眼前這片風景，我從來沒有看過這麼像蛋黃又這麼大顆的月亮，天啊真的好美喔。邊開我邊反省，到底是我以前沒注意，還是這是「新的大自然」?!

繼續往前開了一段路，突然前方白白亮亮的，好像有路燈的感覺，仔細一看，噢……那個不是路燈，是傳說中的「月光公路」，月光照得整條公路亮亮的。從一開始在海上的橘紅色滿月，到高高掛在天上的白色月亮，月色就這麼伴著我從花蓮開到了臺東。

隔天起來忍不住問了民宿老闆，他說：「這是東部夏季的特產，叫月升，初二和初十六會特別大顆。」我剛好很幸運地遇到了初十六，我的人生就在那一刻，開始懂得造物主的奇妙可敬，感恩這世界的美好。

我住的地方是臺東長濱，這裡安靜到連一支筆掉在地上都聽得到，後面是讓我覺得安心的金剛山（真的是把雙手扠在前面的金剛），前面是太平洋，我住的民宿卻在稻田中央，這對從小到大在都市長大的我來說，真是遼闊的風景。路的盡頭不是山就是海，真是美得不要不要的啦！

後來每一個月我一定會找機會下來一次，有時候為了流星雨、有時候為了健走的活動、有時是為了參加月光海音樂節……反正能找的理由我都找了，就是想更深刻地了解這一塊人間淨土。但最迷人的時候，就是在旅行中產生了很多和自己對話的時間，我反覆地問我自己，我怎麼可以這麼享受一個人的生活？我還需要另一半嗎？有小孩的生活是沒有安靜兩個字喔！我準備好進入家庭了嗎？

目前的我只看到上帝讓我找到一百種愛自己，讓自己快樂的方式，更預備了世界各種美麗讓我安靜享受，以現在來說，就已經夠好夠足夠了。

現場感動度超過十倍。

＃在我那麼傲嬌的時候，還是不要結婚好了?!

二〇一八年的夏天，因為想要得到信用卡首刷禮行李箱，意外地在網路上買了去非洲肯亞的行程，這個行程叫「舊鞋救命」[5]。到現在回頭看，才明白這其實是一趟「翻轉自己」的旅程。

當時，共有四名女子要一同前往，我們從桃園機場出發到肯亞，在機場禮貌地打聲招呼及簡單地自我介紹後，就開始了觀察彼此的旅程（至少我是如此）。說從不購物的A，在每一個要登機的時刻，總是大包小包而且都差點趕不上班機；說自己在英國留學的B，從頭至尾沒有聽她講過一句英文；至於C，她很安靜，比較難惹毛我。好不容易到了肯亞奈洛比機

5 由青年宣教士楊右任夫婦，與其友人們發起的活動。起因於非洲孩童常年赤腳，容易感染沙蟲導致雙腳潰爛，故透過募資收集舊鞋送往非洲。除了「舊鞋救命」，也有發展沙蚤醫療、興學計畫、活水計畫、農耕計畫等各種援助計畫。

場，還要坐上八個小時的車（路上顛簸的程度超像坐水上摩托車），一路搖搖晃晃地前往我們要去的村莊基塔萊（Kitale）。

三十個小時過去後，我們終於抵達住宿的地方，我這時心想：「不會吧？我要跟這三個女生同一間？我上次和別人這樣一起睡，是高中畢業旅行ㄟ，我沒辦法和別人睡啦！」可是根本沒得選，畢竟這裡是非洲，而且只有這一間房間。不過好險是上下鋪，彼此還能保持一點距離。

到了晚上我坐在下鋪的床上睡不著，一方面是對於即將要展開的旅程感到很興奮，再來是從桃園機場到這裡，我其實一直感到被其他女孩冒犯，於是我寫下了人生第一篇禱告日記：「謝謝上帝帶我來這裡，不知道我可不可以看到動物大遷徙？我真的很喜歡長頸鹿，但如果是大象也可以喔。喔對了，上帝呀，為什麼女生都這麼麻煩？我和這一群女生的頻率不一樣，簡單來說，我們根本不是在同一個包廂，居然還要和她們一起共渡十四天，祢一定要幫助我。」

隔天我一如往常的活潑，也盡力參與安排的行程，可能因為太活潑，又很愛出鋒頭，所以我在第一天就和當地人打成一片。當天的最後一個行程，是要教當地小朋友唱沙蚤歌[6]，透過帶動唱的方式，讓當地人可以明白，出現在他們腳底下的破洞和傷口，是有機會被治癒的，每一個孩子都有機會活得更久。

帶動唱的部分我當然是站在最前面，就這樣一次兩次直到唱到某一個段落，突然我覺得口好乾，而我的包包放在入門處的桌子上，於是我就轉頭過去看看其他三位夥伴，比了要喝水的手勢就離開原地去找水喝。神奇的一刻來臨了，也是我至今一直難以忘懷的一個畫面，就在我打開保溫瓶要喝水的時候，我看著其他夥伴在做我剛剛的工作，一樣地唱著歌、跳著舞，眼前的小孩大人也一樣投入。這時我才明白，我有多感謝她們的存在，因為有她們，我才有機會喝到這一口水，而我和她們根本沒有不一

6 為了普及衛生教育，舊鞋救命團隊將預防沙蚤的生活習慣寫成兒歌，藉由傳唱將觀念深入民間。

樣！就在我心裡產生這樣巨大變化的那一刻，我才知道我是一個多麼「驕傲的人」！這一刻真的太神奇了。

反思自己，在過去的三十幾年中，常常在群體中扮演領導角色的我，直到現在才知道，真正好的領導是要會善用每一個隊員的長才。而那個覺得自己什麼都很厲害、和別人一定不一樣的我，的確有不一樣的地方，但也不需為此感到驕傲，更不必去論斷別人。

往後的每一天，我還是很活潑地和大家玩在一起，可是我會帶著A給一群小朋友、再拉著B給另外一群、C也比照辦理，我知道活潑大方是上帝給我的禮物，如果我能好好使用，才不會辜負上帝的美意。

行程中最令我印象深刻的，是在一個約莫有一百多個孩子的殘疾孤兒院，當我走進屋內的時候，非常震撼。不絕於耳的嬰孩哭聲，伴著說不出來的氣味，混合著屎尿或潮溼的酸味撲鼻而來，映入眼簾的是滿地的嬰兒和肢體殘疾的大朋友（缺腳、缺手、小兒麻痺、水腦症、白子症……），他們全部呈現一個ㄇ字形倚靠在靠近牆面的椅子上，這時真的只有四個字形容，不知所措！

我們在行前有被一再叮嚀，千萬不能在他們面前掉淚，因為他們並沒有覺得自己哪裡不好，若我們表現得太激動，對他們來說會覺得很奇怪，我們只要做到同理但不同情。聽起來容易，可是在這樣的時刻，真的好難。必須在臉上故作鎮定，但心裡那股好酸好酸的感覺，彷彿逼自己硬生生地把眼淚往肚子裡吞。

突然這時有個小男孩牽起了我的手，他的手比著外頭邀請我可以和他一起，我還來不及點頭，就被他一拐一拐地拉出去了，他踢著地上的單輪玩具讓它自然滾動著，恰巧不巧我也是踢球長大的孩子，這一點不算什麼

（又開始驕傲了）哈哈。

到了中午，每個夥伴身邊都圍著一群孩子，準備一起享受午餐，我和他們說：「那可以麻煩你們幫我保管這些東西嗎（相機、自拍架、手機）？」他們點點頭答應後，我就走去屋內要拿自己的午餐。有趣的是，在這沒幾步的路途中，我心裡居然開始擔心起，這群孩子會不會偷走我的東西？於是我加快腳步拿了午餐就跑出去外面找他們。

讓我很訝異的是，他們全部舉著盤子看著我，等著我要一起開始享用午餐，而我擔心的那些3C產品，全部都好好地躺在那邊，嗯～很好！我真的想多了，不只這樣，我還以小人之心，度君子之腹。

到了下午的時候，我一度把我的相機掉在草地上，正當我要轉頭過去拿包包裡的衛生紙準備擦拭時，卻看到已經有小朋友把他們破舊的衣服拉得很長在幫我擦了。這一刻我真的好感動，他們怎麼可以這麼無私地給予?!

我又怎麼可以這麼自私地看待他們？真的是在當中看到好多的自己，看似是我來到這裡要給他們很多愛與關懷，可是到目前為止，都是他們讓我覺得，我才是那個被愛的孩子，哎呦，這群小人（孩）真的很會。

這群小人兒，讓我覺得自己才是那個被愛的孩子。

就這樣一起玩了幾個小時後，到了要離別的時候，我們一一和每個小朋友說：「你知道嗎？上帝很愛你，我也是！」道別完就頭也不回地走上車，完全不敢多看他們一眼，我怕我會忍不住落淚破壞了規矩。等到車門一關，我看著和我同車的小女孩，她擁有如此「完整」美麗的五官，我的眼淚開始不停地滑落、一直哭一直哭、靜靜地哭了好長一段時間。在這短短的十二天的旅程中，我看見了自己有很多需要被調整的地方，我多麼慶幸還沒有遇到我未來的丈夫，不然這會是一段多麼糟糕的婚姻關係？內心真的充滿感謝！

回到臺灣後，記得二姊問我這一趟旅程最大的收穫是什麼？這真是一個好問題！我回答她：「嗯……我心中有好多好多可以和你們分享的故事，我想想怎麼和你們說喔。」後來到了晚上，看到手機裡家裡的群組起了些小爭執，這時我有了答案，我在群組裡說：「你們知道我這趟非洲行最大的收穫是什麼嗎？其實我的答案只有一個，就是你們都能在我身邊讓我愛著真好。謝謝你們的存在！」

我想寫信給未來的老公，直到遇見你的那一刻

這是一對夫妻（舊鞋救命發起人）在我生命中的美好見證，也是讓我相信這世界上有真愛這件事。太太名字叫雷可樂，可樂說她現在這麼幸福，可能是上帝有看到她寫給未來老公的信，因為在信中提到的無論是長相、個性，還是能夠和她一起到非洲，現在的老公都神奇地符合每一個條件。聽完她美麗的故事後，我也決定開始寫信給我未來的丈夫。

特別感謝雷可樂，是妳讓我知道，生活中的寂寞以及開心，除了和家人分享外，也可以寫信給未來的丈夫。因為聽完妳和先生美麗的相遇，讓我對婚姻也開始有了盼望，謝謝妳這樣美好的存在。

Ps：我有一直逼雷可樂寫關於愛情的書，可是她現在有四個孩子真的忙不過來，所以就先 podcast 上見（請搜尋 # 請問 8 小姐）！

2020/05/07

Dear未來的老公

如果我今天收工可以打給你，我應該會哭個不停，真的覺得心好累，好像永遠都做不好，在37度的高溫下，穿著三層厚重的冬衣，身上汗水不停地滴、說著角色不合理的臺詞、我真的來不及悲傷，就在開回家的路上。聽著詩歌，淚一直滑落，也許我真的把我的力氣用光了！也要告訴自己，可能是因為月經要來了，所以心情好低落，拚了命的轉念，回家要趕快洗澡背劇本。

耶穌給予我的，都是我能承受的不是嗎？
謝謝耶穌，我今天好多了。

2018/10/09

Dear未來的老公

現在在回洛杉磯的路上，我想要和你說，Vivian剛剛問我覺得溫哥華最漂亮的地方是哪？我想起了Stanley park，我在那裡騎單車，兩旁有各種不同的綠色和紅色的楓樹，

乘著陽光和風滑行，那一刻我真的感動到想哭，真的很謝謝耶穌，讓我鼓起勇氣走進單車店，跟兩個平頭好帥的女孩店員說要租車，才能看到這樣的美景。

一路上聽著詩歌，想像著如果你在會怎樣？我想應該不會選協力車，那多麻煩（哈）！但在那一刻，我很確定你是喜歡戶外運動的男孩，願意和我一起去hiking、biking……我好期待你的出現！

2019/07/06 東京往臺灣的飛機上

Dear未來的老公

剛剛在飛機上看完《失控就是最好的安排》這本書[7]，我對這本書好有共鳴，不論是他們在非洲發起的「舊鞋救命」活動，讓我想起自己曾在非洲肯亞的經歷，或是作者楊右任和他太太可樂經營愛情婚姻的美好。他們結婚週年時都要寫一封信給一年後的對方，把信放在時空膠囊內，一年後拆開，這應該是我見過最聰明的浪漫。

書裡面我很感動的一句話：
「爸媽擁有最大的不是財富，而是上帝和人們的愛。
上帝看重的是你的本質，祂會讓你看見你的驕傲和軟弱，卻不會以世俗的標準來衡量你的人生。」
期許我未來的丈夫，可以和我一起，把這句話作為我們教育孩子的最大目標。
真的和可樂一樣，迫不及待見到你，可樂等了五年，那我呢？

7 《失控就是最好的安排》楊右任著／二〇一九年，方智出版

2020/12/31

Dear未來的老公

今天是2020最後一天
很多人都期待這一天快快過去，我也是
因為疫情的關係，世界到今天都在動盪中
每天都有新的死亡人數
疫苗也預計在明年可以上線
今年地球休息了一些些
也許因為這樣，臺灣的這個冬天像極了冬天
雖然還沒能與你相遇
不過我想和你說
我在遇見你之前的每一天
都在試著與自己和好
與家人關係和好
上帝讓我今年上半年非常忙碌地拍戲
下半年非常忙碌地享受生命
雖然我很喜歡現在的自己
可是我更期待與你分享每個我讚嘆不已的天空

新年快樂　平安喜樂　感謝上帝

在遇見你之前的每一天，
我都在試著與自己和好。

Part 3

工作

career

可是我就是無法放棄，

因為演戲真的好好玩！

第一節

主持棒 VS 演戲

#入行的第一年，也是練就「一身是膽」的一年！

週一至週五晚上九點現場直播的搞笑政論節目《全民最大黨》，是我正式踏入演藝圈的起點。

在晚上九點正式現場直播前，會先預錄用來過場的單元節目。我第一個螢幕工作，就是最大黨的單元節目「中國大戲院」，內容由一位相聲老師搭配一位戴著假髮穿著亮片洋裝的辣妹（我），老師負責說相聲，辣妹負責賣弄性感，再加上臺下兩位痴漢負責起鬨（分別由納豆和阿 Ken 飾演）。

對於不是表演本科系畢業，當時對政治也不太了解的我來說，這是一個完全陌生的地方，根本無從準備起。第一次被 cue 到現場是晚上七點，看著眼前這些很熟悉的大哥大姐們有說有笑地在化妝間做準備，手裡拿著號稱全電視臺最好吃的便當，我禮貌地向前輩們一個個鞠躬。

到了攝影棚裡看著工作人員忙進忙出，工作人員們表面上會彼此調侃，現場談笑風生，但其實 live 現場就像戰場一樣，每一個環節都不能出錯，所以每個人其實都很緊繃，但也非常專業地讓節目順利完成。

之後我成為了這個節目的固定班底，能和全臺灣最幽默風趣的人一起工作，真的超級榮幸；但對於入行第一年的新人來說，每天下午四點等發通告、七點到現場、九點上 live，的確是相當高壓的環境，不過這段經歷也鍛鍊出我的膽量，後來不管面對什麼挑戰我都能勇敢面對。

在《全民最大黨》的那幾年發生了許多有趣的事情，比如有一次接到通告打來說：「小8，妳身邊有一千元大鈔嗎？」我說：「嗯，有。」通告說：「妳把大鈔轉到後面有地球儀的那一面，看到了嗎？然後妳演左邊數過來第二個小朋友，就這樣，晚上見。」嗯，這是我的工作，真有趣！

而選舉時期，也會是我們節目收視率最高的時候。印象最深刻的是，當時因為選舉的投票制度讓老百姓一頭霧水，所以我和Y頭要分別飾演藍綠營的護士，將投票辦法說明給飾演病人的陳漢典聽。

記得不同政黨的投票制度非常複雜，寫滿了密密麻麻的兩張A4紙，我們從七點開始邊化妝邊低頭猛背，化完八點發現根本背不起來，眼看九點就要上現場……我鼓起勇氣拿著稿子去問製作人，可不可以寫成大字報重點提醒？製作人看著我說：「不行，妳又不是白雲哥，說錯一個字就罰一百五十元！」對話結束！

聽完我心想完了，我的演藝圈事業要毀了，一百五十元耶！我一次的通告費只有一千三百五十元，現在該怎麼辦？人生第一次想擁有超能力，我幻想有一顆按鈕可以一按就彈出中天攝影棚，然後從此和演藝圈再見！名聲臭掉也沒人敢用我，我去當公關好了。千頭萬緒之下，竟然讓我激發出求生意志，最後一字都不漏地背完所有的稿，完整領著現金一千三百五十元收工回家，是的，我做到了！

不得不說，現在回想那些當菜鳥的挑戰，因為壓力而噁心反胃的感覺都還在，不過可能也因為這種腎上腺素激發的感覺太迷人，所以藝人也在那一刻成了我終生的職業。

＃綜藝通告走一圈，走到懷疑人生？

二〇〇八年離開偉忠哥的公司後，我開始一年的通告人生。

這一年的路我走得戰戰兢兢，當時因為沒有找到合適的經紀人，所以自己擔任窗口，所有對通告流程、排檔期、酬勞……都要自己接洽，這樣沒有不好，不過也沒有很好。原因很簡單，當遇到砍價的時候要怎麼辦？

記得曾有一個新的節目製作人想以A價錢邀請我上節目，我禮貌地回覆：「這次A沒有問題，不過如果你覺得效果不錯，下次可以用B價錢嗎？因為我的行情價是B。」他一口答應：「沒問題！」

一個禮拜後製作人又請通告打給我，要發我通告，接到電話很開心，時間主題也都沒問題，最後我加問了一句：「那請問價錢是B對嗎？」通告遲疑了一下，這時聽到話筒傳出製作人說：「是A！」我小心翼翼地說：「可是上次製作人和我說好了，這次如果再發我通告會給我B價錢。」此時聽到背景傳出製作人大聲地說：「A就是A！」我回答：「怎麼會這樣？上次不是說好了嗎？我要繳房租ㄟ。」電話另一頭，製作人突然直接拿起電話回我說：「要繳房租是妳家的事，要不要隨便妳？」

年少無知又輕狂的我居然回答：「那不用了，謝謝！」當下真的是氣死我了，說話怎麼可以不算話嘛?!

類似這種狗屁倒灶的事情，不是第一次發生，也不會是最後一次。有一次我上一個節目，主題要聊夏天旅遊，請來賓分享夏季旅遊推薦的地方。聽起來真的很正常，誰能料到，在開錄的前半個小時，發通告的人拿著他們準備的比基尼請我換上，然後看著我說：「等一下穿這樣聊。」這什麼啦？到底！我一開始婉轉拒絕，到後來居然在化妝間跑起來給他追，而且是賣力跑的那種喔。最後看在其他來賓都換了的份上，我勉為其難地選了他們其中一件最不露的泳裝，把這個通告走完。那一天我真的嚇壞了，這圈子都這樣嗎？

上了一年的通告，很幸運地還完高中和大學的助學貸款，終於可以好好想想未來。下一步該怎麼走呢？我的確不太喜歡這一年跑通告所體驗到的種種，在還沒有成為大牌以前，的確是要吃一些虧，而這些虧的背後可以得到的位置，也不是我的目標。所以我很清楚這裡不是我要的，那我要去哪裡呢？

#金鐘獎只是入圍沒有得獎，怎麼魔咒也在我身上發生！

就在我對演藝圈一片迷惘的時候，偉忠哥請他的助理打給我，邀請我演出公視人生劇展《蟹足》中的一個角色。對當時什麼都不會只有膽量的我來說，當然一口答應，還以為演戲很簡單，就像在大學話劇社那樣。

記得當時演員們全體集合在偉忠哥的辦公室進行讀本，所有演員都帶著感情投入自己的角色，只有我一個人狀況外，機械式地讀著自己的臺詞。兩三個小時過去後，大家都要離開了，偉忠哥卻特別請我、導演、製作人留下來，他第一句就問我說：「小8妳哭不哭得出來？妳知道妳的十場戲裡面有九場要哭，看妳剛剛讀本的樣子我很擔心。」我其實被這句話嚇到了，因為我沒想過這一題。

偉忠哥後來花了三四個小時和我說明這部劇的時代背景，也試著了解我的成長過程，我只記得當我走出偉忠哥辦公室的時候，明明天都已經黑了，可是我的眼睛幾乎張不開，因為我哭得好久好腫好累喔。

不過一切都是值得的，《蟹足》讓我入圍了金鐘獎迷你劇集的女配角獎，這是我在入行第一年就受到的肯定。對當時的我而言，只有幸運兩個字解釋這一切！第一次演戲就獲得評審肯定真的很開心，好像找到自己在演藝圈的定位了。印象很深刻的是，記得當時要參加頒獎典禮找不到任何的贊助商，好不容易透過朋友的朋友才借到黑黃色漸層袒胸露背的禮服。走完紅毯記者媒體問我：「妳今天身上的珠寶贊助總共是多少錢？」我說：「無價！因為是大姊買的。」

雖然那時候不知道自己為什麼會入圍，可是我開始知道自己是喜歡演戲的。演戲和上通告完全不一樣，在拍戲的當下，導演一喊 action，整個空間時間就只剩下角色與角色間的火花。當時我對戲最多的對手是屈中恆大哥，即使在拍我落淚的特寫，他也會幫我對臺詞讓我入戲，當時我只是個新人，而這樣的溫度，是我在跑綜藝通告所沒有感受到的。

演戲帶給我歸屬感與成就感，我心裡很清楚明白，這就是我想要的，於是從入圍的那一天起，我就決定要成為一名演員。為了達到這個目標，我聯繫了圈內戲劇各大製作人，一個個登門拜訪說我是小8，我想演戲。最後終於簽訂了一家經紀公司。

演戲的機會並不是時刻都有，在等待戲劇邀約的空窗期，正好電視臺有一個整理網路影片的節目在找主持人，因為覺得工作內容很有趣，再加上我也不能就這麼空等下去，所以接下了主持棒，而這個決定也讓我的工作生涯轉到了另一個方向——主持人。

節目在週一到週五的晚上五點半到六點播出。我除了擔任主持人之外，還得蒐集網路影片及找到新奇小物在節目中介紹。一個禮拜五集，其中兩集的節目內容由我負責，某種程度也算是製作團隊的一員。那時走在街上看到有趣的店就會走進去，和店家洽談合作，每一集也都一定要寫下逐字稿才算完成，就這樣奠定了一個人自言自語的主持功力。當時因為口條算清晰，公司幫我接下了各種活動、尾牙的主持，也讓一直接不到戲的我，生活費有了著落。

主持的工作逐漸上軌道，但我內心卻很羨慕公司其他演員，可以一部戲接著一部戲，沒有停頓地演，雖然我也有零星接到一些客串，但離演出主要角色仍很遙遠，等久了，也就只能把演戲這件事放在心底最深處了。

謝謝威爾史密斯，讓我變成臺大外文系第一名

記得我在前面提到想要按一個按鈕衝出中天攝影棚嗎？而接下訪問威爾史密斯父子的工作，就是我人生第二次想要按下按鈕，讓自己消失在地球上的時刻。

二〇一三年，威爾史密斯跟傑森史密斯父子檔來臺宣傳電影《地球過後》，MTV的節目《爆米花電影院》取得了獨家專訪。即使只是短短半小時的訪問，但仍有著來自各方的壓力，主要是因為一般電影宣傳都只在飯店進行採訪，這次是好萊塢影史上，第一次有好萊塢演員踏進臺灣電視臺的攝影棚。這場史無前例的電視臺訪問將由我和吳鳳搭檔主持，簡直肩負著重責大任！

通過電影公司到節目製作人的層層關卡，最終面試成功後，距離正式訪

問有一個月的準備時間。在那一個月我找了英文老師幫我上課，還請不同口音的老師來幫助我適應。每天我只問我經紀人一句話：「我們到底為什麼要接這份工作？」她總是笑而不答繼續考我訪綱。那時候我對題目熟悉到只要經紀人講了第一個音節，我就可以接下去講出整個問題，這樣的生活過了整整三十天，每天都在練習。一切努力都是值得的，因為那短短半小時的訪問，打開了我的視界。

訪問當天，三立電視臺擺開前所未有的大陣仗，從電視臺外滿滿的人潮到攝影棚內部署的維安人員，一切都在預告有一位大人物即將抵達。當天我穿了大姊為我準備的性感前胸開叉大露背黑色禮服，走進攝影棚那一刻就超後悔，冷氣開太強，實在是太冷了。為了讓身體暖起來我一直在攝影棚快速走來走去，旁人看應該會覺得我超緊張，雖然事實上也是。

不過當威爾史密斯本人抵達，一切都變得不一樣，那一刻就像是有太陽照進攝影棚，我不再覺得冷。威爾先生先用他很宏亮的聲音和現場每個人打招呼，接下來往我這邊走來握著我的手，我不記得當時我的表情有多震驚，但我記得我第一個反應是伸出我的食指，朝他的手臂搓了搓，緊接著問他說：「你是真的人嗎？」威爾史密斯聽完大笑，我感受到原來這顆太陽離我這麼近。

想當然，我們的訪問很順利，因為他是如此的平易近人。訪問完隔天回到電視臺工作，遇到新聞部的主播，他說有看昨天的訪問，聽說我是臺大外文系第一名畢業的呀？我馬上送出一個不失禮的微笑說：「我也很希望是。」

我是因為威爾史密斯的訪問才開始認真學習英文。

直到八年後的今天，我還是幾乎每天睡前都聽英文。我從小就羨慕從國外回來的女孩，不知道是不是因為英文講得又快又流利，看起來也都好有氣質。雖然我是半路出家，還是希望有朝一日也能說得一口流利英文，或許也會變漂亮。

感謝一切，因為這次的訪問表現不錯，我幸運地成為《爆米花電影院》的固定主持人，這個電影節目帶給我的世界觀超乎我的想像，就如同前面所說，我的視界被開啟了。

在香港主持《變形金剛》世界首映，就算淋得全身溼，也要拿印有臺灣字樣的帽子給導演麥可貝當作禮物，也讓全球媒體看到這個來自臺灣的女孩，也可以很大方地走在紅毯上做訪問。同天晚上，在演唱會遇到其他國家的記者和我說：「你們臺灣團隊很厲害！」那一刻我發自內心以我的工作為榮。

還有第一次出國到好萊塢做訪問，第一次住在金球獎頒獎典禮的飯店、第一次訪問好萊塢動畫片……因為這份工作，在這短短三年中，我接觸到世界最頂尖的電影幕前幕後工作者。不論是湯姆克魯斯、休傑克曼、盧貝松、李安……透過這一次次的訪談，讓我更了解世界不同電影工作者的工作模式，以及對電影的理念。

高成本製作電影的劇本完整性，以及團隊的專業程度，都讓我大開眼界；好萊塢聚集多元種族、多種語言的環境，對於喜歡體驗不同文化，熱愛刺激的我來說，也是非常憧憬。因此，更加深了自己想要在國外這樣的大環境演戲的念頭。

感謝每一個機會，即使看
似岔路，但只要用心經
營，都是重要的養分。

第二節

女演員
張允曦

謝謝演空氣的那些年，讓我格外珍惜現在遇到的每一個人

二〇〇八年入圍金鐘獎迷你劇集女配角獎之後，長達好多年，我都沒有機會爭取到演出主要角色的機會。

記得剛開始演戲時，最常聽到別人說：「妳有戲演就已經很好了，妳知不知道其他人連酬勞都沒有呀？」或者是「雖然這個角色很小，但妳要想辦法脫穎而出……」不是本科系的我，對於表演一無所知，我也真的很想只出現一場戲就被看見，可是要怎麼做？

記得有參與當時很紅的偶像劇《小資女孩向前衝》，在片場常常看到導演和沛旭哥、邱澤，三個人在邊玩邊排戲，笑得很開心。看了真的好羨慕，那時候的我光有幾句臺詞就緊張死了，哪有能力可以這樣享受工作？

後來就算演了十幾部偶像劇，記者來採訪也常常會穿過我去訪問其他演員，我自己也很苦惱，為什麼我總是像空氣般的存在，沒有人看見我。是不是我根本就不會演戲，所以都接不到要角？長期的挫折導致自我懷疑開始膨脹，到最後我甚至懷疑起自己演戲的動機，到底為什麼想要演戲？會不會只是想要紅？

不要說我懷疑自己了，當時恐怕連身邊的人也都不是那麼信任我的夢想，特別是我的大姊，她只要看到我 po 臉書寫說：「為了演戲，我什麼都願意！」這一類的文章，她一定會在下面留言：「快去看看妳的存摺。」

的確，這樣的工作表現和收入真的會讓人想打退堂鼓，可是我就是無法放棄，因為演戲真的好好玩！我對於片廠有種說不出的迷戀——看著工作人員們為了一個鏡頭各司其職地專注於手上工作的迷戀，完全不知道 action 後的自己會是怎樣表現的迷戀，每一個 take 都是一個全新創作的迷戀……我真的很喜歡這樣的化學作用，因為無法複製，所以迷戀！除了技術上的走位或者鏡位，其他情感層面都是未知，有時演完覺得剛剛哪裡不對勁？有時演完覺得自己的心和肺都掏出來了；太有意思了我的工作。

雖然那些年，我當了很長一段時間的空氣，但對我來說仍是值得的，因為在片場我見識到了很多厲害的存在。比如在《親愛的，我愛上別人了》這齣戲裡，飾演我姊夫的李銘順大哥，上一秒他還在和我們有說有笑，下一刻進到他拍戲場景的房間演出，直到導演喊卡，幾乎全場的工作人員都在掉淚。

我在心底暗暗發誓：我也要成為像他那樣的演員！我也要在現場逗得大家很開心，在演戲的時候也能讓大家動心！

《空姐忙什麼》讓我成了最幸福的演員

對一個演員來說，最大的幸福莫過於遇到很懂你的導演、很敞開又願意給出真心真意的對手、很在當下的攝影師、很信任的廠商⋯⋯這些因素結合起來，可以讓一個演員自在地演出，就像在呼吸那樣的輕鬆。《空姐忙什麼》就是如此完美的團隊，當然也是幸運，早在網紅文化還未普及之前，我們就一起打造了這部網路短片。

那時每個月兩次的空姐拍攝工作是我生活中最期待的事情。即使工時很長，工作也吃重，從早上八點到下午六點總共拍攝十個小時，才能完成兩集五分鐘的影片，但我一點也不覺得辛苦。

每回踏入機艙，我都非常期待今天的演出。影片裡的乘客都是粉絲所扮演，對於每一次的表演，他們都會給予熱情而且即時的回饋，怎麼演很好笑，怎麼做會更好，他們都會在第一時間告訴你。因為大家的反應，我的表演慾望被鼓勵，想要做得更好、想要讓現場氣氛更活絡、想要讓大家更開心，而更投入在表演上，這對演員來說是一種良性的循環。

即使下了戲，現場仍是打成一片，各種合照拍個不停。我會湊到正在低頭的粉絲演員旁幫他們滑手機。因為這份親密感，就算沒有劇本，也能因為默契而迸發出新的創意。對我來說這是一段非常美好的創作經驗，在拍攝中間笑到崩潰是常有的事，這樣真實的氛圍也感染到網路上的大家。

空姐這部戲也讓我體會到空服業的辛勞，雖然表面上光鮮亮麗，但其實常被乘客無禮地對待。當初也有許多現役空姐空少來當乘客的臨演，我都懷疑他們是不是在工作上受到委屈，所以來片場享受當奧客的快感。

空姐當紅那一段時間，有一次我從香港轉機回臺灣，在飛機上隱隱約約就有聽到空姐們在低語著是小8，下飛機後居然有空姐來為我引導，帶著我走貴賓專屬的路線，一路都可以聽到她與同事們在用對講機通報狀況。因為空姐這部劇，我的人生多了一次走機場紅毯的經驗，真是太美妙了！

這部劇成為許多人共同的美好回憶，直到很後來很後來的今天，還是會遇到替我可惜的粉絲；而寫書的現在，我隨便挑了三集來看，都還是會大笑。

親愛的粉絲，不用覺得可惜，那個時期的我，絕對是最好版本的我；但如今我心中的那個蛹，已經在蠢蠢欲動要蛻化成蝴蝶了，就算還沒有作品能夠超越《空姐忙什麼》，但我知道現在的我，是個每天都在進步一點點的我。我也很想再度讓你們感動，所以請再給我一點時間，我會有好作品的。

首挑大梁的電影上映日，怎麼和新冠肺炎疫情爆發同一天？

二〇一七年末在紐約的某一天，我正在下課回家的路上，突然接到了一通來自臺灣的電話，拿起電話依稀聽見對方說了一長串聽起來像是工作邀約的話，我急忙說：「我在地鐵站，收訊不好請等我一下。」這是一個從未見過的電話號碼，因為收訊不好我匆匆忙忙地跑出地鐵站等待，邊等邊看著街邊的盆栽上積著厚厚的雪，和樹枝上亮亮的燈飾。

等了好一會兒，終於接到電話了。她說：「我是影一製作公司的製作團隊，會打給妳是因為烈姐想邀請妳演出電影女主角，不知道妳有沒有興趣？」這是什麼？是真的嗎?!我試著鎮定地告知對方：「我現在人在紐約，希望能盡快讓我知道檔期，好讓我能安排回臺灣的時間。」

掛斷電話後，我不知道要如何形容心中的快樂，我在眼前這個大大的盆栽厚厚的積雪上，寫下「8 good job」！十年過去，我終於等到這一天了，這個比接到代言還要開心一百萬倍，我何德何能演到電影女主角？監製是李烈、導演是《青田街一號》的導演耶，我張允曦根本就是全世界最幸運的演員呀！Taiwan... wait for me...

當時距離回臺灣還有兩個月，我心想太好了，我可以趁這兩個月在紐約好好做最後衝刺，繼續上表演課，為接下來的挑戰做好萬全的準備。想到過去十年，那個堅持要演戲的自己、來紐約兩次充實專業技能的自己、用心體會生活的自己、從不和挑戰說不的自己……真的覺得這一切的努力都是為了這一刻，自己完全「蓄勢待發」，就是這一部電影了！我一定可以成功的！

回臺灣後馬不停蹄地進入電影前製期，我記得定裝的那一天坐在化妝間，聽著外面烈姐在和服裝師討論衣服、導演和表演指導陳竹昇大哥也在現場給予指導，看著坐在我身旁的男主角柯宇綸，我覺得很不可思議，我怎麼可以坐在這？我怎麼會是女主角？這裡的每一個人和我都沒有血緣關係，為什麼給我這麼好的機會?!我內心充滿感謝。

接下來開始臺中臺北兩地拍攝，為了好好把握這個機會，我戰戰兢兢地面對讀本、排戲等繁重的工作，短短拍攝四十天，每一天我都捨不得離開片場，多希望這一刻可以按下暫停鍵。雖然中間經歷了自己為了健身打拳不慎腳踝韌帶斷掉，但是在臺中港出外景時，有七隻海豚和我們一起航行，其中一隻還是粉紅色的，這一定是個好兆頭！

我和我喜歡的演員群合作到了、我和導演變成好朋友了，這都是珍貴且難得的緣分。最後大家一起完成的電影《喜從天降》，決定在一月二十三日，作為賀歲片上映。

不過幸運都在紐約用光了，二〇二〇年疫情爆發，一二三自由日上映的日期也是武漢封城的那一天，雖然不自由了，可是真的很巧對吧！人生有時候回頭看真的很有趣，就真的那麼巧在同一天，上映日期就在沒有人要去電影院的那一天，不知道要算多久才可以算得到的這一天！

＃首挑大梁的電視劇，怎麼成了票房毒藥？

二〇二〇年拍攝《姊妹們追吧》，是我第一部擔綱女主角的電視劇，演的是一位單親媽媽，劇本很有意思，講的是不同世代的女性因為追星而聚在一起，發展出跨世代的情誼。

雖然沒有演過媽媽，不過看著偉忠哥這麼堅定、對我這麼有信心的眼神，我就答應接下這部戲了，殊不知這是一連串考驗的開始。首先是拍攝期長達一百八十天，中間還遇到疫情，除了外在環境帶來的挑戰，我的內心也因為這部戲，受到了極大的洗禮。

我是所有演員裡面最資淺的，開拍第一天第一顆鏡頭，飾演我好朋友的大姐柯淑勤，就站在攝影師後面，雙手扠著腰說：「我就看妳怎麼演？」我真的是嚇到只能假笑裝沒事繼續演，雖然很幸運地完成當天拍攝工作，可是我心裡知道，這和我以前演戲的經驗完全不一樣。

之前拍攝都只有一臺攝影機，這次有兩臺，要配合的角度、要看的鏡位更複雜，再加上比以往更長的臺詞，以及厲害的對手們……每一個環節都是挑戰。其實在開拍前幾天我真的很想放棄，第一次覺得自己做不到，更怕耽誤到大家的拍攝時間；不過同時也有個聲音在對我說，張允曦妳應該不只有一種演法吧？兩臺攝影機同時拍攝這件事妳不是想多了解嗎？而且重要的是，這一切如果學會就都是妳的了！

好，我承認我是個很喜歡挑戰的人，這一百八十天，我的表演常常不如大家預期，在拍攝時間很緊繃，時常在趕戲的狀態下，一天要背上十頁的臺詞，的確很難顧到全部。

一般來說，電影拍攝時間相對比較充裕，一天的拍攝進度是一到兩頁，可以把燈好好打、把場景好好陳設、讓角色和場景好好培養默契……因此只有電影拍攝經驗的我，要適應電視劇的時間落差，真的會比較辛苦，收工流著淚回家也是家常便飯。不過是女主角啊，總是要扛起些什麼？雖然沒有太確定是什麼，可是其他女主角都扛起來了，沒道理我不行。

在殺青前兩個月戲就會先上檔，等於一邊拍攝一邊同步播出，每一天我們都會收到收視率的數字，同時也會關注網路上的觀看人數，因此拍攝的壓力更是與日俱增。那陣子我的心情就是這樣起起伏伏的。

很可惜這部戲的口碑沒有太理想，記者在我們全劇殺青後，下了這樣的新聞標題：〈張允曦是票房毒藥〉、〈有張允曦就轉臺〉……各大電子媒體換湯不換藥的新聞充斥著網路，也讓我的心情在一天內跌到了黑洞。不過我覺得最感謝神的地方是，我只花了一天的時間難過，隔天就去爬合歡山，然後立下了要征服百岳的人生新目標，就這樣神沒有讓我花太久的時間悲傷，而是把悲傷化成動能，朝下一步邁進。

現在一年後回頭看那時的自己，最清楚的一點，而且可能也永遠不會改變的就是——我只想好好演戲。這一切並沒有打敗我，即使現在，我還是邊等機會邊進修上表演課，也明白只有在越辛苦的狀態下，我才能越清楚地確認，這就是我真正喜歡做的事。

光是找到心中的那個 spark，我的人生就算夠幸運了！

對於真心想要的事情，即使失敗個幾次也會告訴自己：再多嘗試看看。

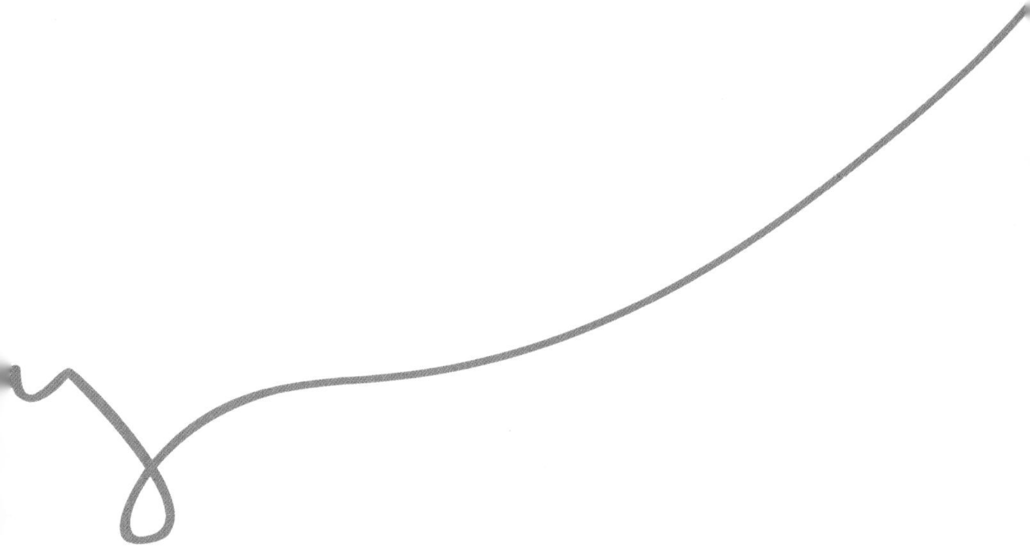

Part 4

家人

famil

大家回答的都是他們真正在乎的人事物，

很有默契的是我們的答案裡，都有彼此！

第一節

我那又鬧又可愛的家

家庭版五燈獎從沒有拿過燈的我，長大居然當藝人

《家有四千金》是我曾經演過的電視作品，也剛剛好是我真實人生的寫照。我有三個姊姊，我們各差一歲，嗯，我知道我爸媽真的很相愛又很努力！雖然沒有拚到一個男娃，但生出了一個從來沒有留過長髮的我；小時候的我就是個假小子，甚至到高中以前，我去女廁還是常常會被趕出來（苦笑）。

不同於我們家人丁興旺，當時我的叔叔雖然結婚有一段時間，但始終沒有小孩，當時的風氣認為有小孩家庭才圓滿，於是爺爺一聲令下，將三姊留在高雄叔叔家給他們當女兒。傳統觀念認為這麼做可以幫叔叔帶來小孩，也是這個時候，我家決定北上發展，於是爸媽帶著大姊、二姊，還有我，搬到臺北市開始了新生活。

我的童年就是一個城市小孩應該會有的童年；媽媽在東區開了一家歐洲進口服飾店，小時候下課我會待在媽媽店裡，每天聞著媽媽煮的藍山咖啡，在倉庫寫功課，寫完功課再自己走五分鐘的路回家。

父親大人則是足球隊教練，他帶領著一支足球隊到處踢球，很多時候也會順便帶著那個好喜歡跟在姊姊後面的跟屁蟲——也就是我。爸爸也是那個陪伴我們姊妹們長大的角色，他在我小一時訓練我自己搭公車上下課，還會幫我做燈籠的作業。不在乎成績的爸爸對我只有一個要求，就是要誠實，其他都不重要；所以不想上課沒關係，老實說就好；考不好也沒關係，誠實就好……現在想想這真的最重要。

我在求學過程中極少提到母親，少到同學都以為我是單親（苦笑）。媽媽在我的印象中就是用各種方式在努力賺錢；不論是賣衣服、去公廟求財、直銷……很努力賺錢沒有找藉口偷懶的媽媽，讓我們在富足的環境裡平安長大，但我們的距離卻是越來越疏遠，直到後來某一天，因為神的提

醒，我們才有機會找回彼此。（詳細請見 P209）

那個年代的小朋友生活大多熱鬧，網路還未普及，沒有電腦也沒有手機，但身邊會有的是街坊鄰居、同學、姊妹們等一大票玩伴，陪伴著一起長大。我們最常玩的遊戲之一是大姊舉辦的五燈獎歌唱比賽，參賽的小朋友上去唱唱歌、跳跳舞，主持人兼評審的大姊則會依據自己的主觀評分。

比賽用的設備是爸爸的手提式卡帶音響，插著麥克風，攜帶很方便，所以到處大姊都可以喊出一個燈、兩個燈、三個燈……

參賽者包括我大概維持在四到五位小朋友，我記得每次唱完我都會滿心期待地等大姊說出我得到幾個燈，結果都是沒有燈！其他小朋友都有燈，只有我沒有！

而這個唯一沒燈的，長大後竟然當了藝人。也因為大姊從小的訓練，我真的比較沒有玻璃心，日後在演藝圈，不管遭遇什麼樣的批評，也比較容易讓事情過去，在此特別感謝當年大姊的苦心栽培。

＃每天和十幾條狗相伴，牠們才是我最親密的國中同學！

小時候因為媽媽開服飾店的關係，有許多阿姨們會來媽媽店裡買衣服，帶走了新的衣服卻留下了她們養的狗狗。一開始是一隻兩隻，加上後來撿到的流浪狗……最後狗狗的數量居然高達了十幾隻，最後這些狗也成為我國中三年的室友。

每天和這十幾隻狗兒們一起生活，聽起來簡直像迪士尼電影一樣善良又溫馨，但事實上並沒有那麼輕鬆。一開始說好三姊妹輪流照顧，日後竟變成了我一個人的日常；每天上課前要餵食（整整兩大鍋）、沖澡、清理狗大便，下課要衝回家把兩袋狗大便（二一公斤）提去垃圾場丟掉，然後餵食。每到假日，爸爸會到房間用襪子丟我叫我起床餵狗（只有我，謝謝大家！），每每看著下鋪熟睡的二姊和靠窗睡的大姊，我都好羨慕。

有一次聖誕節剛好是颱風天，全家出去晚餐，需要留一個人在家看狗，沒有意外留下來的還是只有我。當天就這麼剛剛好有隻小黑狗懷孕即將臨盆。那晚我聽到小黑發出淒厲的哀嚎聲，馬上衝到頂樓空地看，發現她剛剛生的小孩有一隻從狗籠的縫掉出來了。曾經有聽說過狗狗生小孩的時候，若是發現人類靠近，狗媽媽會把自己的小孩咬死。雖然不曉得是不是真的，這時全身已經被淋溼的我，看著小黑，而小黑也看著我，我和她說：「小黑妳知道我沒有要傷害妳的小孩，牠現在需要妳幫牠舔乾淨才能活下來，請妳不要咬死牠也不要咬我，拜託妳。」講完後，我小心翼翼地把第四隻寶寶放回母親身邊，然後小寶寶就活下來了。

這真是一個很特別的「接生」經驗，不過話說回來，為什麼留在家的是年紀最小的我咧？對於童年，我時常有這樣的回憶，好事輪不到我，但麻煩事卻常要我負責。為什麼我常常因為做錯事而挨打，可是姊姊卻不用；為什麼都是我打掃家裡和跑腿；為什麼當年我只能站在隔著游泳池的玻璃窗外，看著姊姊練習游泳，拿到自由式到蝶式的獎狀，而不是跟姊姊一起待在游泳池裡……這些童年的疑問，我會問爸爸，有時爸爸說因材施教、有時會矢口否認。其實我也不知道我需要得到什麼答案，但當我一次次和好友講述這些故事時，總會一次次看見那個有傷痕的自己。

很多時候，同一句話我會被冒犯，但姊姊卻不會，這件事我始終很疑惑。直到現在我成為了一個基督徒，才有勇氣面對那些屬於原生家庭的傷口，並一層層剝開讓上帝的愛進來。

我總算明白，以前那些失敗的戀愛，不是對象不好（而已），而是當時的我不是在一個完整的愛的狀態中。這份完整的愛來自家人加上自己，若是有任何一個缺口，很自然地就會想從對象得到滿足，而這樣的戀愛關係就失去平衡了。我到後來才明白，唯獨了解這些傷口長成的原因，才可以找到越來越適合自己的人。

當然這些回憶都是從我的角度來看，或許從家人們的角度來看會不太一樣，不過我願意去理解屬於我的部分。

#有一天我想通了，不是不受寵，是我一直太獨立沒給父母機會照顧我

從小到大一直報喜不報憂的我，有天居然坐在父母面前，和他們討論我演藝事業的下一步，這也是我第一次詢問他們對我辭演《空姐忙什麼》的看法。爸爸帶著一絲笑容把電視機關無聲，躺在沙發的媽媽也興奮地坐了起來，從那一次的談話中，我看到了他們眼中的光芒、那種被需要的感覺，我很確定，他們是快樂的。

對欸，人都是喜歡被需要的感覺，我怎麼活這麼久都沒想到?!我也喜歡被需要呀，這個對已經年邁的他們更是重要。這時，我才驚覺，自從考上大學他們幫我填了輔大哲學系的志願後，我就再也沒有給他們機會參與我的人生了，如果我是他們，應該多少會有點沮喪。

平日我自以為是體諒父親的身體，所以什麼事都不敢麻煩他，在大賣場提東西、開車載大家、修繕家電……統統自己來，後來也因為要減肥而常常不吃飯，更讓媽媽沒有大展身手的機會。

近年孫子孫女一個一個出生，我就更開不了口和他們說：「我其實很需要你們的愛。」和他們同住在一個屋簷下的我，反倒像極了管教他們的母親：爸爸你生病不要吃太多甜的、媽媽妳不要煮太多肉、為什麼垃圾不分類？你們不覺得家裡有個怪味道嗎……我發現這個我可以寫很多很久，可見我有多會碎碎念。

也正因為住在一起，所以耳裡聽到的都是他們對兩位姊姊的關心和擔心，不然就是孫子孫女今天有多可愛……他們很可愛我承認，那我呢？天啊，還真的沒那麼可愛，我不會和爸媽撒嬌、更不會跑去黏在他們身上，當父母想幫忙時，我也只想證明自己，只會說：「我來就好！」

這樣怎麼可愛嘛?!如果我是他們，一定覺得小孩長大一點都不好玩的呀！

小時候在我們姊妹身上發生了一些我到現在都不明白的事情，比如：為什麼兩個姊姊學了好多才藝，我卻是到寺廟裡和師父學免費的書法？為什麼魚的眼睛是兩個姊姊吃，我永遠都吃魚尾巴？然後和我說：「吃魚眼睛會聰明。」為什麼，我都只能隔著玻璃窗看姊姊游泳，姊姊卻拿到了蝶式的證照？

因為這些不明白，所以在我記憶裡，好像自己是一個人長大的，久而久之，我和家人就保持了一段安全距離。這樣的距離讓我無法表現脆弱，更讓我不小心成為了一個不敢麻煩爸爸媽媽的孩子，然而靠著那自以為是的體貼活著了。

但每個人都是需要被需要的存在，我也是、父母也是。

家人，就是你需要我，
我也告訴你我需要你。

第二節

因為珍貴，所以盡全力去愛了

#媽媽對不起，妳這個溫柔的女兒來得有點晚

在三十四歲以前，我的成長過程中，應該是沒有媽媽這個角色在裡面。怎麼會這樣，是哪裡出了錯？誰知道?!從小我就窩在媽媽開的服飾店裡寫功課、發呆、看客人有沒有偷東西、聞著咖啡香、吃飯時間到了就回家……但媽媽從來沒有來過我的家長會，她甚至不知道女兒念的是哪一間學校？

因為媽媽忙著賺錢養家的關係，所以不小心缺席了我的童年和青年和初出社會這段時間……哇賽，以我的角度來說，還真的不少時期呢！你說有沒有埋怨？當然有呀！我不知道該從哪裡找到她的愛，還是其實她把愛都分給兩個姊姊，所以到我就沒有了？啊對了！她也不是會拿錢彌補的那種母親類型，我可是從小到大都沒有零用錢的喔。

這些不公平從小累積到大，我對媽媽也開始由愛生怨，我完全沒有辦法好好跟她說上兩句話，而她剛剛好也有讓我一秒暴怒的本事。比方說：我國中時存了好久的錢買了一對熊熊造型夫妻的存錢筒，當作生日禮物送給她，以為媽媽收到後會覺得我是個好女兒並和我說謝謝！結果她的回答我真的傻眼，拆了包裝看到禮物後的她說：「怎麼不是現金？」然後就離開了，只留下火燒眉心的女兒。

同場加映，在某一年過年，那時候我已經進演藝圈，開始有收入，所以想要包紅包孝敬父母。會印象這麼深刻是因為，那個紅包錢我真的存了好久，初入行的我收入很不穩定，年收入不到幾萬元的我，硬是擠出一份紅包給她。雖然因為有太多前例，沒有對她的反應有太多期待，但真的萬萬沒想到，拿到紅包的她居然在我面前把裡面的現金抽出來，邊點邊說：「怎麼包那麼少呀？」是在哈囉！這時候沒有出拳的我還真的可以領一個孝女的獎盃。

不過我跟媽媽的關係，卻在某一天開始有了美麗的化學變化。

這是一次教會的活動，先知李協聰牧師正在為大家進行禱告，先知牧師是神和人之間的橋梁，神會透過他來告訴你神要說的話。也可以說是算命師，如果這樣比較好理解的話，只不過這個神比較準！

也因為先知牧師的靈感有時候非常突如其來，光是和他對到眼，神就可能會有訊息要給你。我又不認識這位牧師，活動又有這麼多人，等等如果他在大家面前說我什麼一定會很尷尬，於是我趕快把眼睛閉上，想說不要對到眼就好。此時，突然有一隻手放在我的肩膀上，牧師溫柔地在我耳邊說：「妳不用特別做什麼來讓妳的媽媽覺得驕傲，妳的家人已經很以妳為榮了，現在最重要的是修復妳和媽媽的關係！」可想而知，我的眼淚無法停止直到聚會結束。

對於從小到大都很想賺大錢給媽媽的我而言，真的覺得不可思議！媽媽真的不用我做什麼嗎？母親從小就得賺錢養家，打從國小畢業後，從來沒有停止工作過的她，就這樣一肩扛起照顧一家子的責任，更厲害的是，她還燒得一手好菜。半小時內五菜一湯沒有問題，現在看來她真的是奇葩！

恰巧在教會活動三天前，媽媽在家裡跌倒，導致雙臂斷掉，所以參加完教會活動回來的那一天，我內心一直有個念頭想要幫媽媽禱告。一開門看到躺在沙發上的她，實在是提不起勇氣說要幫她禱告，於是打了聲招呼就快步走進房間了。

進房後猶豫了半個小時，我真的很想要去安慰看起來很不舒服的媽媽，於是鼓起勇氣走向客廳，若無其事地和她說：「媽啊，我剛剛從教會學到一個很神奇的東西，叫做醫治禱告，很有效喔！妳要不要我幫妳禱告看看？」媽媽微微地點點頭，於是我伸出我的雙手，輕輕地放在媽媽的手臂上，很自然地就說出了一段祝福的話，禱告完後媽媽眼中含著淚，我就回房間了。

從那天後，我會幫媽媽洗澡，餵媽媽吃飯，那種小時候沒有感受過的親密感，神都在這時候一點一滴地慢慢補足。

在三十四歲那一年，我意識到自己把那套「理想媽媽」的標準套在媽媽身上了，因為覺得媽媽不符合我的期待，所以無法好言好語。感謝上帝，讓我察覺到自己的盲點，現在我對媽媽講話比對男朋友講話還溫柔。常年忙於工作的媽媽，並不是善於表達愛的父母，她的關懷時常會用負面的話語包裝，就像她和我說妳不要去紐約，會有意外發生，言下之意其實是因為她會想死我。雖然要聽出父母的話中話很不容易，不過一旦心放軟了、明白了，這樣的心理狀態根本無敵！

媽媽對不起，妳這個溫柔的女兒來得有點晚。

父女歐洲蜜月旅行——原來相處一輩子的爸爸，還是會有不了解他的地方啊？

二〇一九年冬天，得知爸爸肝癌復發的時候，那一刻，我只有一個念頭——我很慶幸我的人生中有和他如此緊密的一個月。

那是電影《喜從天降》殺青後的春末，我約父親一起踏上了世界上最浪漫、為期一個月的歐洲父女蜜月旅行。我們從巴黎玩到義大利，經歷了四個國家七個城市，旅途中，我練習了好好地聽爸爸說話、好好地把時間給爸爸。我們常常哪兒都沒去，就坐在一間咖啡廳外面，一起感受這個城市帶給我們的驚喜。

帶長輩出去旅行，總是會有意想不到的挑戰，我完全沒有料到，對我爸爸來說，旅途中他最在意的點居然是米飯?!平時在臺灣因為隨處可見，沒有發現會是一個問題，但到了國外飲食習慣不同，米飯沒有那麼好找，為了安撫父親大人的胃，於是到了晚上，我一定會去找一間有賣米飯的餐廳。

事情發生在葡萄牙的某個早晨，我喚醒還在沉睡的父親，想約他一起到飯店樓下吃早餐，不料父親卻說：「樓下又沒有粥，我幹嘛下去吃？」well... well...（此時我的火已經在咽喉處），我深深吸了一口氣說：「我去看看，有再和你說。」怎麼可能有呀?!我們已經住在這個飯店第二天了，第一天沒有粥，第二天也不會有粥！而且這裡是葡萄牙，哪來的粥呀？真的是越吃越氣！後來終於吃完早餐的我，還是帶了兩顆蛋一顆橘子上樓，和父親說：「我剛剛谷歌到了飯店附近有日本料理，你準備一下我帶你去吃。」成功解除了一個危機。

有了這次的經驗，每到一個新的城市，第一件事就是要找亞洲餐廳。結果意外發現歐洲還真多亞洲餐廳，而且都還滿好吃的，這點要感謝我爸爸，若不是他我也不可能有機會吃到這麼多好吃的亞洲菜。

抵達西班牙巴塞隆納的機場後，突然有人從背後拍拍我，是來自香港的粉絲。我們邊拍合照邊聊這趟和父親的浪漫旅行，在得知父親曾經是足球教練的他們，居然找了當地人帶我們去買歐洲盃足球票，而且是用很便宜的價格買到超好的位置。

那天剛好是巴塞隆納隊隊長的退休賽，梅西也有出賽。身為足球教練的爸爸，踢了一輩子的足球、看了一輩子的足球賽、家裡有一大堆世足賽的錄影帶……那天帶著爸爸走上體育館的階梯、聽著震耳欲聾的歡呼聲、現場八萬人各種揮舞旗幟的方式，親身體驗足球賽事的現場，我看到了淚水在父親眼眶打轉，我知道這一切都值得了，原來幫助父親實現夢想的感覺如此美好！那些米不米飯的一點都不重要了呀！

這三十天我們走在連說英文都很難通的城市中，不是義大利文、西班牙語，就是法語、葡萄牙語，但最令我動容的是，我的父親逢人就說臺灣有多美、臺灣是個很有文化、人文水準很高的國家。我的父親，是一個很愛自己家鄉的人，而且超乎我的想像，即使他的英文講得很片段，可是我可以看得出來，臺灣有多令他驕傲。

還有另外一件讓我很感動的事，我直到旅行才知道，他有多愛我媽！哈哈哈哈哈哈，對不起，請容許我笑成這樣，因為在臺灣的他們真的每天都吵不停，有時是鬥嘴、有時話說得真的很不好聽……但爸爸沿途拍了這麼多美麗的照片，沒有傳到任何社群軟體、沒有傳給他的好友，只有傳到我們家的群組。而且每天他笑容最展開的時候，就是在和他太太連線的時候，身為女兒的我，看到這個幸福的笑容，開始相信這世界上真的有真愛了！原來這就是結婚的箇中滋味呀。

很多朋友好奇問我怎麼有勇氣帶爸爸出國？還說自己能帶爸爸到桃園機場不吵架就不錯了。那時候的我是想，這世界上我最愛的爸爸只有一個，如果我能讓我最愛的人快樂，那我也才會真正的快樂。而且，我每次旅行都是用自己的節奏在感受這個城市，如果我能用爸爸的速度來旅行，這個是用再多的錢也換不到的體驗呀。

很開心回來的我們更認識彼此。我親愛的父親，感謝上帝安排你成為我的父親，謝謝你帶著小時候的我在足球場上踢球、謝謝你不管我的功課好不好只要求我誠實就好、謝謝你讓我追尋自己的夢想，最重要的是謝謝你

「讓我成為我」。

＃原來後來沒有走歪的我，都要感謝這位偉大的幕後功臣

到寫書的這一刻我才發現，我有多感謝我生命中這個人，就是我的大姊，也在找到答案的這一刻，眼淚流了好久好久。

相較於姊姊們，從小看似受到不公平對待的我，到現在居然沒有走偏，甚至還是一位個性如此陽光的女生，我也很納悶為什麼？一直以來，我都以為是自己努力來的，但其實不是，我有一位從小待我如母親般的大姊。

在我大學叛逆不肯回家的時候，是她寫著一封封有淚痕的信給我；在我每一個打工的場所，常常可以看她冒充客人來看她愛的妹妹；她為了讓妹妹看到世界有多大，花自己的存款帶我去美國迪士尼樂園玩……回頭從很多點滴可以看出來，我生命的每一個階段她都卯足了全力參與。

包含為了參加金鐘獎的頒獎典禮，那個買不下去的耳環，也是姊姊買給我的。我日常身上每一件你看到的衣服，不是偷穿她的就是她送我的，我們關係就是這樣密不可分，世上有一個人如此愛我，我怎麼捨得讓她傷心?!我怎麼會想要和同學玩到天亮不回家、我怎麼會想要當最後一名？

我的姊姊，即使她自己每天得工作十幾個小時，好多天加起來只睡幾小時，但仍然費心守護著妹妹。她也是一個很好的榜樣，我從她身上學到，沒有一件事可以找藉口，只要努力就一定有成績。她沒有出國留學，但她的英文流利到可以在百人會議上做簡報；她不是富裕家庭出身，但可以一個人養全家。

神派了一個這麼棒的姊姊來到我生命中，如果沒有她，我真的不知道現在的我會在哪裡?!謝謝姊姊！用妳的生命在保護我！對不起姊姊！長大後的我，常常把妳拒在門外，讓妳覺得我不需要妳。

即使是我捨不得妳花錢、捨不得妳這麼累，我也沒有辦法好好向妳表達，真的好對不起！

親愛的姊姊，我想讓妳知道，身為妹妹的我，會一直陪伴妳就像妳當初陪伴我那樣，謝謝妳！妳是第一個讓我了解什麼是「無私的愛」的人，從現在開始，我也要當那個守護妳一輩子的人。

那一天的早餐家庭聚會，我們只聊遺憾

隨著年紀增加，經歷的事情增加、被傷害的事情增加，就越能理解，存在於我腦袋裡的想法，都是經過我的允許才能進來，因此，我們也有能力把自己不想要的東西放掉。

長大教會我最重要的事情之一，就是放手，曾看過一本書裡面寫到：「每個人的腦袋裡每天所思考的事項，其中有百分之八十是重複的。」說得太對了。那些冒犯我的家人、朋友、其實就是我最在乎的關係，那如果我都修復好了，是不是可以去做更多其他的事情呢?!

記得和爸爸吵得最兇的一次，是為了家裡狗狗的食物起了爭執，中間彼此說話的音量和字句，隨著憤怒高張也越發加重，最後爸爸憤而離去回到他的房間，我也氣呼呼地去廁所準備出門上課。

我邊使用廁所邊和上帝發脾氣說：「祢不是使人和好的神嗎？為什麼我和我爸現在會變成這樣？」沒等神的回答，沖完水出來的我，竟然走向爸爸房間，毫無猶豫地輕輕地打開他的房門，看著他卷曲的背影，房裡只剩一盞床頭燈。

我走到他的面前說：「爸爸對不起，我不是故意要兇你的，可是你剛剛說的話有傷到我的心，我只想說我很愛你，捨不得你生氣，對不起啦。」此時我手摸著爸爸大大的肚子繞圈圈，爸爸沒有看著我可是眼中含著淚說：「我才不會想要對妳發脾氣，我一直都很小心，我沒有別的意思。」我說：「我懂，我就很愛你，記得不要吃太多，我要去上英文課囉。」

就這樣兩顆破碎的心，在五分鐘內就修補完成，當現在在思念爸爸的時候，想起這件事，我都覺得很甜也很無憾。

黃國倫牧師說：「基督徒最好的修煉是在家裡。」而這是全世界裡我最在乎的一群人，我想要勇敢面對和他們的每一個衝突，以及覺察自己時常被冒犯的情緒。這是一段好長好長的旅程，我不知道到我離開這個世界的那一刻是否可以抵達終點，可是我想盡可能地讓遺憾少一點、少一點就好。

所以在那天的早餐聚會中我認真地問家人，如果生命只剩下三年，在不用擔心金錢的狀況下，你們的心願是什麼？大家回答的都是他們真正在乎的人事物，很有默契的是我們的答案裡，都有彼此！

我的信仰讓我開始談論死亡、正視死亡，一旦有勇氣面對那必來的一天，就更知道要更用力地愛與珍惜，愛神安排的一切、愛那些義無反顧支持你的家人、愛那些上帝擺在我身邊的挫折與驚喜、愛著我每天看到的天空……因為過完一天就又離死亡更近一些，珍惜擁有生命且感謝所有的一切。

最後，我想對你們說……

親愛的母親：

我在臺東的這一段日子，妳應該覺得耳根清淨了一些了吧？每天對妳叨念個不停的我，在這邊只能念自己。

我念自己，明明就是擔心妳的健康，但展現出來的卻是責怪妳一直吃麵包。

一年一度的清明節，我想要吃潤餅捲，妳也費心為我準備，在幫忙剁雞絲和豆芽菜的時候，我才發現這件事好花時間喔。原來妳一直都花好多時間在為我們煮飯，妳怎麼都不會抱怨呢？

妳除了好會煮飯還好會賺錢，怎麼可以這麼厲害?!就算沒有念什麼書，可是妳的ＥＱ很好，生氣只要一下下就會好起來。

媽媽，請原諒長大吃素的我，沒有給妳機會煮肉給我吃，可是我想和妳說，我願意煮很多菜給妳吃，妳就好好躺在沙發上看電視看到睡著就好。

親愛的父親：

我曾經三次問你，為什麼小時候你要打我？你每次答案都不一樣，不是說因材施教，就是轉移話題，不然就是笑而不答。雖然小時候有受過你嚴厲的教訓，但大部分的時間你是和善溫柔的父親，謝謝你沒有把爺爺對你的嚴苛和管教放在我身上，謝謝你很努力學習當一個好爸爸，從你這麼溺愛孫子我就知道你已經很盡力了。

我最喜歡叔叔阿姨說我和爸爸很像，走路很像，連拿筷子的姿勢都一樣。像爸爸會讓我覺得自己很厲害，因為我的爸爸很厲害，你愛音樂、愛哲學、愛人文，也愛運動：所以你愛的我也都很愛。但我最慶幸的是，我不需要特別好、特別做什麼，你就會愛我，無條件地愛著我，這就是當你女兒最幸福的事。

在編輯這本書的時候，也是在醫院陪著你走人生最後一個階段的時候。因為疫情，只有一個人可以陪在病房，我覺得我拿到人生最重要的一張門票（陪病證），就是能在最後的十幾天中，好好和你說話、好好聽你說話。

隨著醫師護士每天告訴我你倒數去天家的日子，我就更捨不得闔上眼睛，每一次你睡醒，我都格外珍惜，你說出的每一個字句，我都按下錄音。我好怕你不知道我多愛你，不過同時我也好怕你再受苦，當你在生命最後只剩下感謝，而我也看到了我心中最敬佩的爸爸，你的勇敢、你的感恩，都是我永遠要學習的。

你離開的那一天我沒有落淚，因為我知道你沒有病痛，更知道你往更好的地方去。令我意外的是，真正的想念是在追思會後的每一天，我經過小巨蛋，想到以往你每天帶著孫子來運動、我看到熱水瓶上刻著你最喜歡的九十度、我聞著你睡前要放在床邊的毛巾、我望著沒有你在的車庫、我看著你喜歡坐的那張沙發……

爸爸你真的不在了，我想和你分享那些日常的浪漫，我現在要試著和媽媽姊姊們分享了對嗎？我會努力讓自己過得好，因為你一定希望我過得很好，昨天你也來我夢裡說不要擔心你，我相信在天父身邊你一定很被愛，謝謝爸爸，我很榮幸當你女兒。

爸爸的非典型追思會，
希望透過爸爸的愛，
讓大家更勇敢的活得無憾！

親愛的大姊：

我生命中有很多貴人幫助過我，可是妳知道嗎？妳才是我生命中最重要的貴人，如果沒有妳，我不會有機會感受到現在如此美好的感覺。

對不起，我常常和妳說，妳的付出是妳的選擇。

其實不是，妳愛我就像上帝愛我一樣，沒有條件。

從小到大每一次出國回來的禮物、每一次苦口婆心地叮嚀、過濾我每個交往的對象、關心著我的事業、當時我認為的批評，現在才看到了那背後的愛與關心。

對不起，我沒能理解當時的妳。

謝謝妳，如此愛我的妳。

不知道當時的妳花了多少眼淚和時間在等我長大。

我愛妳，我願意用盡我一生來為妳的幸福快樂平安禱告。

親愛的二姊：

常常在妳身上看到自己沒有的特質，是我很羨慕的。
妳有過人的耐心聽父母說話、妳用全世界最黑色幽默的方式在看待日常。
妳有對孩子滿出來的愛勝過愛自己，妳有最柔軟且善於同理的一顆心！
謝謝妳聽到我在韓國為了節目效果，
被逼著坐上全亞洲最長最快的雲霄飛車時，
能夠完全體會我的害怕，馬上和我一起掉淚！
謝謝妳知道我沒有收入時就先借錢給我用，
謝謝妳記得我喜歡吃的食物，
妳真的是我們姊妹裡面最貼心的，
希望以後可以有機會，
和妳以及妳的小孩一起實現人生更多願望！

書最後，我想寫封信，給一年後的自己。

現在的妳覺得自己擁有了全世界，
常常幸福到掉眼淚。
因為妳身邊的人都知道妳愛著他們、為他們禱告著。
妳擔心爸爸在天家有沒有忘記家人、
妳擔心媽媽沒有打到麻將、
妳擔心兩個姊姊沒有感受到真正的幸福、
若是可以，妳願意把妳的快樂和他們分享。
也是這一刻，
妳明白，妳和姊姊之間真的很不相同，從來就不用比較。
妳明白，妳有多珍惜眼前這香蕉樹和這片海洋。
妳明白，不管妳在哪裡心裡都有家人。
期待看到這封信的你或你們，都一起成為那個好懂得感謝的自己。

家人陪我出席臺東熱氣球嘉年華的活動。

珍惜擁有生命且感謝所有的一切，敬，那些沒有白走的路。

敬，那些沒有白走的路：所有的挫折與驚喜，都值得感謝／張允曦（小 8）著 . -- 初版 . -- 臺北市：時報文化出版企業股份有限公司，2021.12
240 面；14.8×21 公分 .
ISBN 978-957-13-9724-5（平裝） 1. 自我實現 2. 生活指導 3. 女性

177.2 110009464

ISBN 978-957-13-9724-5
Printed in Taiwan

VIEW 109

敬，那些沒有白走的路 所有的挫折與驚喜，都值得感謝

作者—張允曦（小 8）｜主編—陳信宏｜責任編輯—王瓊苹｜責任企劃—吳美瑤｜封面攝影—莊曜陽
美術設計— FE 設計｜排版—張靜怡｜編輯總監—蘇清霖｜董事長—趙政岷｜出版者—時報文化出版企業股份有限公司— 108019 臺北市和平西路三段 240 號 3 樓 發行專線— (02) 23066842 讀者服務專線— 0800231705・(02) 23047103 讀者服務傳真— (02) 23046858 郵撥— 19344724 時報文化出版公司 信箱— 10899 臺北華江橋郵局第 99 信箱 時報悅讀網— http://www.readingtimes.com.tw 電子郵件信箱— newlife@readingtimes.com.tw 時報出版愛讀者 http://www.facebook.com/readingtimes.2 ｜法律顧問—理律法律事務所 陳長文律師、李念祖律師｜印刷—華展印刷有限公司｜初版一刷— 2021 年 12 月 10 日｜定價—新臺幣 360 元（缺頁或破損的書，請寄回更換）

時報文化出版公司成立於一九七五年，並於一九九九年股票上櫃公開發行，於二〇〇八年脫離中時集團非屬旺中，以「尊重智慧與創意的文化事業」為信念。